América Latina y el Caribe:

Multilateralismo vs. Soberanía:
La Construcción de la Comunidad
de Estados Latinoamericanos y Caribeños

Francisco Rojas Aravena
(Editor)

América Latina y el Caribe:

Multilateralismo vs. Soberanía: La Construcción de la Comunidad de Estados Latinoamericanos y Caribeños

teseo

FLACSO

América Latina y el Caribe: Multilateralismo vs. Soberanía: La Construcción de la Comunidad de Estados Latinoamericanos y Caribeños / edición a cargo de Francisco Rojas Aravena. - 1a ed. - Buenos Aires : Teseo; FLACSO, 2011.
266 p. ; 20x13 cm. - (Relaciones internacionales)

ISBN 978-987-1354-83-2

1. Relaciones Internacionales. I. Rojas Aravena, Francisco, ed.
CDD 327

FLACSO

teseo

ISBN 978-987-1354-83-2
Editorial Teseo

Para sugerencias o comentarios acerca del contenido de esta obra, escríbanos a: **info@editorialteseo.com**

www.editorialteseo.com

Índice

PRESENTACIÓN

En la actualidad, apostar por el multilateralismo y la integración efectiva es indispensable para afrontar los retos a los que se enfrentan los Estados, los cuales no pueden ser resueltos de forma aislada dado su carácter transnacional. La proyección latinoamericana y caribeña como actor de peso en el contexto global es indispensable para que la región tenga voz en la toma de decisiones globales respecto a temas importantes como el crimen organizado, el cambio climático, las pandemias y las negociaciones comerciales, entre otros.

La creación de la Comunidad de Estados Latinoamericanos (CELAC) refleja como nunca antes el compromiso político de América Latina y el Caribe de construir una agenda común, posiciones compartidas y espacios de cooperación para beneficio de la región. El reto al que se enfrentará será el contexto de débiles bases de confianza recíproca, que requiere de una alta dosis de voluntad política para avanzar en la construcción de una agenda compartida.

Esta publicación es parte de una colección de libros que la FLACSO ha preparado para contribuir en la construcción de conocimiento respecto a temáticas relevantes para la región, en seguimiento del mandato de la institución de apoyar la integración y el desarrollo regional.

Para la Secretaría General de la FLACSO, la generación de conocimiento es esencial para obtener logros en pos de la

integración regional, alejándose del escepticismo y creando
instrumentos que permitan la elaboración de propuestas,
sugerencias y recomendaciones sobre los principales acontecimientos de la integración regional latinoamericana y
caribeña. Específicamente, esta publicación tratará sobre
el camino, las implicaciones, los retos y los desafíos de la
creación de la CELAC.

La Secretaría General de la FLACSO extiende su agradecimiento a todos los autores y todas las autoras de este
estudio, por las contribuciones, visiones y conocimientos
expuestos. Un agradecimiento especial a la asistente de
investigación, Tatiana Beirute Brealey, por sus aportes y su
trabajo en la edición y producción de este libro, *América
Latina y el Caribe. Multilateralismo versus soberanía: la
construcción de la Comunidad de Estados Latinoamericanos
y Caribeños.*

INTRODUCCIÓN
AMÉRICA LATINA Y EL CARIBE: LA CONSTRUCCIÓN
DE NUEVOS MECANISMOS MULTILATERALES

Francisco Rojas Aravena

Los temas de carácter global que configuran la nueva agenda internacional obligan a las regiones y países a diseñar respuestas coordinadas entre los Estados, y entre éstos y los actores no estatales. La región de América Latina y el Caribe no está exenta de esta necesidad. Para enfrentar estos nuevos procesos y sus consecuencias nacionales y regionales, se requiere de la concertación y la asociación para la cooperación.

Tanto en el ámbito político como en el económico, el multilateralismo global continúa en crisis. La necesidad de mayor cooperación demanda que deban superarse estas deficiencias y que se establezcan normas básicas que busquen un bien común, disminuyan el conflicto y potencien la participación de los países de la región.

La crisis financiera internacional iniciada a finales de 2008, que reflejó de forma clara la crisis del multilateralismo tradicional, no es un hecho aislado. Es otro desequilibrio en un contexto de varias crisis y problemas de carácter global, que complican aun más el panorama mundial presente y afectan de manera directa a la región de América Latina y el Caribe. Otros desequilibrios globales son la crisis alimentaria, la crisis energética y el cambio climático, estrechamente ligados entre sí y comparten vínculos cuyas consecuencias sufren con mayor fuerza los estamentos más frágiles y en situaciones de vulnerabilidad de todas las sociedades.

Desde la Secretaría General de la FLACSO[1] se ha expresado en numerosas ocasiones la necesidad de que la región construya un proyecto político estratégico que le permita posicionarse de forma efectiva e importante en el escenario global, basado en el establecimiento de una posición común, una sola voz, al menos en los temas prioritarios de la agenda internacional.

La construcción de este proyecto político estratégico es central, y resulta un desafío en el contexto de la creación de recientes instancias de integración regional en América Latina, tales como la Unión de Naciones Suramericanas (UNASUR) y la Alianza Bolivariana para las Américas (ALBA). También es importante en virtud del reimpulso y la fuerza que han tomados algunos actores regionales que lideran y potencian muchos de estos procesos, como Brasil y México, y cuyas acciones llevaron al acuerdo y compromiso de crear una Comunidad de Estados Latinoamericanos y Caribeños (CELAC), primera entidad que agruparía a los 33 países de la región y que no incluye a Estados Unidos ni a Canadá.

La coyuntura internacional actual de reordenamiento y reestructuración del sistema internacional representa una oportunidad para que América Latina logre sentarse en las mesas de negociaciones con una posición fuerte. Sin embargo, además de los desafíos tradicionales a los que se ha enfrentado la integración regional latinoamericana, deben considerarse aspectos como el *timing* electoral.

Los nuevos presidentes han asumido en el año 2010, con excepción de la Presidenta de Brasil, quien asume el

---

[1]   Para acceder a los documentos y análisis que ha desarrollado la Secretaría General de FLACSO sobre la temática, se puede visitar el Observatorio de la Integración Regional Latinoamericana, Secretaría General de FLACSO, disponible en línea: http://www.flacso.org/programas-y-proyectos/observatorio-integracion-regional-latinoamericana-oirla/

1º de enero del 2011.[2] Esto significa que el tiempo para conocerse y construir relaciones de confianza con los otros presidentes es muy breve. El espacio para concordar políticas que puedan responder a sus periodos presidenciales efectivos de ejercicio es –en el mejor de los casos– de dos años, de allí que esto tenga un impacto desincentivador de los procesos de integración si no se ratifica, construye y promueve una fuerte voluntad política integracionista.

América Latina puede generar una nueva aproximación, un nuevo estilo y una nueva actitud que permitan operacionalizar lo que han señalado los distintos líderes de la región: la integración es la mejor alternativa para enfrentar las crisis. Ello requerirá reforzar los vínculos entre las distintas instancias de integración regional. El exceso de propuestas inhibe la integración, y el reto de la CELAC será el de no convertirse en uno de tantos mecanismos de integración regionales, sino asumirse como el que construye una sola voz en América Latina y el Caribe. En muchos casos es necesario reenfocar las propuestas y establecer una agenda compartida y consensuada para avanzar en la integración subregional y regional. Construir una mirada político-estratégica concertada aparece como un objetivo prioritario, en el que se observan obstáculos significativos.

El nuevo escenario global ha dotado a la región latinoamericana y caribeña de lo que *Thomas Legler, Profesor de la Universidad Iberoamericana de México,* denomina una oportunidad histórica: habiendo obtenido una reñida autonomía de los poderes regionales y globales, tienen ahora el potencial para hacerse cargo, de manera decisiva, de su propia agenda de gobernanza regional. En este marco el autor analiza evidencias sobre las perspectivas de una gobernanza regional autónoma en la región. Como por ejemplo, la disminución gradual de la hegemonía de EE.UU., el surgimiento

---

[2]   Entre 2009 y 2010 se realizaron diez elecciones presidenciales.

de un orden regional multipolar, en donde Brasil, México, Venezuela, Argentina y Chile cuentan con una influencia regional considerable, y la diversificación de las relaciones internacionales, con socios no tradicionales, por parte de las naciones latinoamericanas. Asimismo, instituciones centrales del sistema interamericano como la Organización de Estados Americanos (OEA), el Banco Interamericano de Desarrollo (BID), el Tratado de Río y las cumbres de jefes de Estado y de gobierno de la Américas, tradicionalmente dominadas por Estados Unidos, se encuentran hoy en creciente competencia y en medio de un traslape de mandatos, ante la notable proliferación de nuevos esquemas de integración subregionales y regionales, así como la utilización de foros multilaterales en los que no participa Estados Unidos para resolver los problemas más urgentes de la agenda regional.

A pesar de esto, el autor explica que los países latinoamericanos se enfrentan a enormes retos en sus esfuerzos por consolidar la gobernanza "hecha en América Latina y el Caribe" sin intromisiones de Estados Unidos. Tras poner de relieve algunas diferencias importantes entre la gobernanza mundial y la gobernanza regional desde una perspectiva latinoamericana, este artículo subraya seis retos significativos que la gobernanza en la región debe superar: la redefinición de la relación con Estados Unidos; construir una visión común y/o una identidad regional que respalde los esquemas de gobernanza; hacer frente a la competencia y traslape entre las instituciones regionales y subregionales; mantener el liderazgo y el arte de gobernar; fomentar una mayor participación de la sociedad civil; y dar el salto epistemológico de la *gobernabilidad* hacia la *gobernanza*. Todo ello partiendo de que el desafío principal para la región es poder pasar de la tradición diplomática de afirmación de la autonomía frente a los actores externos, a realmente tomar el control de la solución a los problemas más importantes a los que se enfrenta.

El nuevo contexto internacional y las nuevas oportunidades que tiene la región de generar una gobernanza autónoma, se evidencian también en las nuevas formas que ha adquirido el relacionamiento entre las naciones latinoamericanas. *Andrés Serbin, Presidente Ejecutivo de la Coordinadora Regional de Investigaciones Económicas y Sociales (CRIES),* explica que el agotamiento del modelo de regionalismo abierto, que primó en la década de 1990 en América Latina y el Caribe, ha dado paso a una nueva fase en el proceso de integración regional que puede denominarse como regionalismo posliberal. Reflejo de esto ha sido la emergencia de nuevos esquemas y proyectos de integración, que han desplazado el énfasis en los temas de liberalización comercial y desregulación, abogando, por el contrario, por una agenda marcadamente política caracterizada por el retorno a un rol protagónico del Estado. Ejemplos de ello lo constituyen la transformación de la Comunidad Sudamericana de Naciones (CSN) en la UNASUR, la creación, aún en curso, de la Comunidad de Estados Latinoamericanos y Caribeños, y la conformación progresiva del ALBA. Sin embargo, estos procesos se desarrollan en un marco regional caracterizado por la fragmentación y la heterogeneidad.

En ese contexto, el autor aborda tanto la evolución y persistencia del principio de soberanía nacional en el contexto latinoamericano contemporáneo (y en especial en al ámbito sudamericano), como sus posibilidades de compatibilización con un conjunto de estructuras regionales que profundicen el proceso de integración regional. Para ello se centra en analizar los alcances del concepto de soberanía nacional y sus adaptaciones en el contexto latinoamericano, en evaluar las características distintivas y los avances del actual proceso de regionalismo posliberal sudamericano, a través de las más destacadas experiencias actuales de integración en la región y de diversas iniciativas sectoriales, y en explorar las posibilidades efectivas de impulsar algunas iniciativas que superen las limitaciones impuestas por la soberanía nacional al proceso de integración regional en América Latina.

Ahora bien, si se analiza el proceso de integración regional latinoamericano en los últimos cinco años, no puede obviarse el papel central que han tenido Brasil y México en la promoción de la construcción de visiones y posiciones latinoamericanas en el sistema internacional. El liderazgo regional que han asumido estos países, así como la importancia que han adquirido en el escenario global, ha marcado algunos de los principales desarrollos de la integración latinoamericana. Esto, sin embargo, no implica que estos países representen los intereses de toda la región, pues como se ha venido señalando, la heterogeneidad y fragmentación en América Latina parece ser la norma. De ahí que resulte importante analizar más a fondo los intereses y acciones de estas potencias regionales.

Natalia Saltalamacchia, Profesora-investigadora del Departamento de Estudios Internacionales del Instituto Tecnológico Autónomo de México (ITAM) y Directora del Centro de Estudios y Programas Interamericanos (CEPI), analiza cuál es el interés de México en fungir como uno de los líderes en el lanzamiento oficial de la Comunidad de Estados Latinoamericanos y Caribeños. Argumenta que el impulso mexicano a la CELAC es una señal diplomática que forma parte de una política de reacercamiento con América Latina, que se ha ido definiendo paulatinamente en el transcurso del gobierno del presidente Felipe Calderón. En ese sentido, la CELAC no es para ese país un proyecto largamente promovido ni calculado, sino que surgió más al calor de lo que se percibió en el momento como una oportunidad política. Sin embargo, no por ello esta iniciativa carece de racionalidad y del potencial de rendir frutos al país, pero al mismo tiempo entraña riesgos e invita a reflexionar sobre el rumbo más general de la política exterior mexicana.

La autora comienza su análisis estableciendo los antecedentes de la política exterior de México hacia América Latina a lo largo del gobierno de Felipe Calderón, identificando luego las posibles razones del gobierno mexicano para impulsar a la Comunidad de Estados Latinoamericanos y Caribeños, para finalizar planteando los potenciales beneficios y riesgos asociados con el impulso a este nuevo foro regional. Uno de los mayores riesgos en el caso mexicano es que el nuevo foro se convierta en un vehículo para antagonizar permanentemente con Estados Unidos, para lo cual tiene el desafío de conciliar el entusiasmo de los países del ALBA al tiempo que resiste la potencial deriva antiestadounidense que éstos abiertamente plantean.

Por otra parte, *Paulo Visentini, Profesor Titular de Relaciones Internacionales de la Universidad Federal de Río Grande del Sur,* analiza los impulsos al proceso de integración en América Latina y el Caribe provenientes de América del Sur, presentando los fundamentos y las perspectivas de Brasil durante los dos mandatos del presidente Luiz Inácio Lula da Silva (2003-2010).

La región sudamericana se compone de dos grandes realidades geopolíticas, el Mercado Común del Sur (MERCOSUR) y la Comunidad Andina de Naciones (CAN), además de las Guyanas (más hacia el Caribe) y Chile, que a pesar de ser miembro asociado del MERCOSUR, mantiene una fuerte independencia con respecto a los dos bloques. Se trata de un área que está lejos de las principales economías de los países de la Organización para la Cooperación y el Desarrollo Económico (OCDE) y también de otras regiones del Tercer Mundo, pero tiene a su vez la ventaja de estar lejos de los principales ejes de confrontación global. Se ha encontrado en la zona de proyección del poder estadounidense, aunque siempre con cierto grado

de autonomía, especialmente en tiempos de crisis en el
sistema de poder mundial. Tras la década perdida de los
años 1980 y las consecuencias nefastas de la liberalización
económica en la década de 1990 y principios del siglo XXI,
se observa actualmente el retorno de América del Sur y de
su protagonismo diplomático en el proceso de integración,
con la afirmación paralela de agendas internas de desarrollo
económico y social. La acción diplomática de Sudamérica
no sólo se circunscribe a nivel regional, sino también a
una acción concertada en el ámbito global. Con todo, la
situación interna no es estable, porque las condiciones socioeconómicas han sufrido un deterioro grave, y peor aun,
no hay formación de una nueva hegemonía proporcional
al desgate neoliberal. Para el autor, las disputas políticas
en Bolivia, el creciente protagonismo regional del gobierno
del presidente venezolano Hugo Chávez, e incluso el agotamiento del modelo chileno, apuntan a una polarización
política de América del Sur.

Más allá de los intereses de los dos mayores actores en
la región, las diferencias respecto a cómo llevar a cabo las
acciones prioritarias en el área y en el sistema global son
muy evidentes. El *Secretario General de FLACSO, Francisco
Rojas Aravena*, explica que además de las estrategias diferenciadas de Brasil y México, se puede indicar que los
países del ALBA tienen una posición respecto a cómo debe
buscarse el desarrollo que resulta fuertemente contrastante
con la de países como Colombia y Perú. Mientras los países de América del Sur apuntan cada vez más a acciones
sudamericanas, los países de América del Norte aún se
muestran fuertemente dependientes de las acciones y
propuestas ligadas a los Estados Unidos. Todos estos temas
han sido controversiales en diferentes foros y con bajos
grados de acuerdos. El conjunto de la región enfrentó con
gran dificultad y pocos resultados la crisis hondureña, y
expresó una posición unánime de apoyo al gobierno del

presidente de Ecuador, Rafael Correa, en la crisis política que vivió ese país a finales de septiembre de 2010.

Un primer aspecto que será crucial, para Rojas Aravena, en el desarrollo de la Comunidad de Estados Latinoamericanos y Caribeños, será el paso desde un mecanismo *ad hoc* –con historia, tradición y eficacia, como lo es el Grupo de Río, y otro nuevo que demostró una alta convocatoria en la Cumbre Latinoamericana y Caribeña– a un mecanismo "formal", aunque sin institucionalidad permanente. Un aspecto central será el tema de las ratificaciones por parte de los parlamentos de los países de la región. El lapso de tiempo que puede consumir este proceso puede ser mayor que el de los gobiernos actualmente en ejercicio, e incluso que el de los gobiernos nuevos que están asumiendo. Por otro lado, la nueva entidad debe ser capaz de relacionarse de manera eficiente y efectiva con las instancias subregionales, las cuales poseen espacios de debate político y amplios espacios de concertación para la cooperación económica, social, cultural y otras. Es decir, la CELAC debe, desde el inicio, ubicarse en un plano superior de orientación –un plano político, estratégico latinoamericano y caribeño– para poder ejercer su liderazgo.

El *Profesor y Vicedirector del Instituto de Relaciones Internacionales de la Universidad de Brasilia, Alcides Costa*, analiza también los antecedentes que han llevado a la realización de la Cumbre de Cancún y los desafíos a los que una instancia regional latinoamericana tendrá que enfrentarse. El autor señala que la Cumbre de Cancún es la expresión de un largo proceso de reconstrucción identitaria en América Latina y el Caribe, en el cual se han manifestado, por ejemplo, tensiones entre dinámicas de fragmentación y de integración, intentos de afirmación de liderazgo regional, políticas e iniciativas de EE.UU., y el incentivo que la Unión Europea ha impulsado respecto a la integración regional. Esta cumbre implica un hito positivo respecto al intento de lograr, por medio del diálogo y la concertación política, una mayor autonomía de América Latina en la política internacional. Pero este intento no está exento de obstáculos y límites, tanto en relación con la volatilidad política interna de los países como en las diversas formas de vulnerabilidad externa que siguen presentes en la región.

En este contexto se pregunta y analiza la factibilidad y la utilidad de un nuevo organismo político regional que excluya a EE.UU. y Canadá. Esto sobre la base de que el tema en discusión no es si puede o no crearse esta entidad, sino la posibilidad de que en ésta no se cometan los mismos errores de otras tantas iniciativas y entidades de integración y concertación regional.

En síntesis, los análisis que se presentan en este libro contribuyen al conocimiento y la construcción de mejores formas de relacionamiento entre los países de América Latina y el Caribe a nivel intrarregional, y entre éstos y el sistema internacional. El punto de partida es que la agenda latinoamericana, en temas prioritarios, sin duda alguna es muy similar; los temas globales forman parte esencial de la agenda regional y muchos temas hemisféricos son "interméstricos" para todos, aunque con consecuencias muy diferentes. Sin embargo, resultan muy disímiles aún las formas vinculadas a cómo resolverlos, cómo prevenirlos, y con quién trabajarlos. Todo esto es parte de la construcción de un nuevo multilateralismo global y regional.

DE LA AFIRMACIÓN DE LA AUTONOMÍA A LA GOBERNANZA AUTONÓMA: EL RETO DE AMÉRICA LATINA Y EL CARIBE

Thomas Legler[3]

Introducción: una oportunidad histórica para América Latina y el Caribe[4]

Es muy posible que acontecimientos recientes impulsen una redefinición inédita y hasta una posible transformación del sistema interamericano y de las relaciones internacionales de América Latina y el Caribe (ALC). Tras haber experimentado sucesivos periodos de dominación extranjera, durante la época colonial y luego de la independencia de los españoles, los portugueses, los británicos, y más recientemente de los norteamericanos, los Estados latinoamericanos y del Caribe se enfrentan a una oportunidad histórica: habiendo obtenido una reñida autonomía de los poderes regionales y globales, tienen ahora el potencial para hacerse cargo, de manera decisiva, de su propia agenda de gobernanza regional.

¿Qué evidencia este panorama alentador sobre las perspectivas de una gobernanza regional autónoma? Una parte importante se explica por la disminución gradual de la hegemonía de EE.UU. en la región, al punto que ahora

[3] Profesor de la Universidad Iberoamericana, México. Este artículo fue traducido por Tatiana Beirute Brealey. El autor quiere agradecer la asistencia de Tatiana Beirute y de Sandra Patargo.

[4] Este artículo es una versión revisada de una ponencia originalmente presentada en la Reunión Anual de la *American Political Science Association*, Toronto, septiembre de 2009.

podemos hablar con precisión de un momento poshege-
mónico en la historia regional. Al mismo tiempo, como
reconoció recientemente la secretaria de Estado, Hillary
Clinton, vemos el surgimiento de un orden regional multipolar, en donde Brasil, México, Venezuela, Argentina y
Chile disfrutan de una influencia regional considerable
(aunque no necesariamente con el mismo grado), al lado
de los Estados Unidos. Es importante destacar que por
primera vez, Brasil, Chile y México están en el proceso
de adhesión al Club Internacional de Donantes de Ayuda
Oficial al Desarrollo. Bolivia, Brasil y Venezuela poseen
vastas reservas de gas natural y petróleo que brindan la
posibilidad de convertir a estos países en potencias energéticas internacionales, siguiendo la línea de sus contrapartes
del Medio Oriente.

En la práctica, los Estados de ALC han logrado diversificar sus relaciones internacionales, a tal punto que en
la actualidad gozan de una autonomía y una flexibilidad
en su política exterior sin precedentes.[5] A menudo, esto
se traduce en un escenario en donde los distintos países
pragmáticamente continúan con sus acuerdos de comercio
e inversión existentes con los Estados Unidos, al tiempo
que buscan expandir sus relaciones con socios no tradicionales como la Unión Europea –y sus Estados miembros
de manera individual–, Canadá, China, India y Venezuela
a través de sus iniciativas de diplomacia petrolera.

Previamente dominados por Estados Unidos, los pilares tradicionales del sistema interamericano, es decir,
la Organización de Estados Americanos (OEA), el Banco
Interamericano de Desarrollo (BID), el Tratado de Río y las

---

5   Véase Lowenthal, Abraham F. (2009), "Renewing cooperation in the
     Americas", en Abraham F. Lowenthal, Theodore J. Piccone y Laurence
     Whitehead (eds.), *The Obama Administration and the Americas*, Wash-
     ington DC, Brookings Institution, pp. 3-21.

cumbres de jefes de Estado y de gobierno de la Américas, enfrentan una creciente competencia y un traslape de mandatos, ante la notable proliferación de nuevos esquemas de integración subregionales y regionales, así como foros multilaterales que se caracterizan por tener una membresía "*US-free*". Además de la Comunidad Andina de Naciones (CAN), el Mercado Común del Sur (MERCOSUR), la Comunidad del Caribe (CARICOM), y el Sistema de Integración Centroamericana (SICA), también se cuentan el Grupo de Río, la Alianza Bolivariana para las Américas (ALBA), la Unión de Naciones Suramericanas (UNASUR), la Cumbre de América Latina y el Caribe (CALC), y la Secretaría General Iberoamericana (SEGIB). En la Cumbre de la Unidad de Cancún, en febrero de 2010, los líderes de América Latina y el Caribe acordaron crear un nuevo foro regional multilateral para promover el diálogo y la concertación política: la Comunidad de Estados Latinoamericanos y Caribeños (CELAC). El Tratado de Río, creado en el contexto de la Guerra Fría, es objeto de serios desafíos, primero con la salida de México en 2003, y luego con la creación de una alianza militar de los países del ALBA y el recién creado Consejo Sudamericano de Defensa de UNASUR. El Banco del Sur, por su parte, podría ser competencia para el BID. La OEA lucha por mantener su importancia en un contexto donde se observa la rápida expansión y complejización de la arquitectura de la gobernanza interamericana y de América Latina.

Cabe señalar que los foros multilaterales en los que no participa Estados Unidos han venido aumentado su liderazgo en los esfuerzos por resolver los problemas más urgentes de la agenda regional. En marzo de 2008, fueron los líderes latinoamericanos, reunidos en la Cumbre del Grupo de Río, celebrada en Santo Domingo, los que lograron diseminar la crisis desatada por la incursión de elementos militares colombianos en territorio ecuatoriano para eliminar elementos de las FARC. En septiembre de 2008, fue la UNASUR la que convocó a una sesión de emergencia para encarar la preocupante crisis política en Bolivia. Del mismo modo, en agosto de 2009, UNASUR convocó a otra sesión especial para hacer frente a las crecientes tensiones regionales provocadas por el anuncio de que Estados Unidos había llegado a un acuerdo con Colombia para instalar bases militares en su territorio

Por último, donde antes las importaciones extranjeras, tales como el Consenso de Washington, dominaban la formulación de la política económica en la región, actualmente se observa un debate intrarregional sobre integración y desarrollo económico y social muy saludable. Al lado del Consenso de Washington, las ideas más radicales del ALBA y las más socialdemócratas del Consenso de Santiago luchan por influenciar el curso futuro de la integración en las Américas.

No obstante, como explicaré en las páginas siguientes, los dirigentes y ciudadanos de la región se enfrentan a enormes retos en sus esfuerzos por consolidar la gobernanza "hecha en América Latina y el Caribe" y "*US-free*". La construcción de la gobernanza regional no es poca cosa para los gobiernos y los pueblos de las Américas. Tras poner de relieve algunas diferencias importantes entre la gobernanza mundial y la gobernanza regional desde una perspectiva latinoamericana, este artículo subraya seis retos significativos que la gobernanza en la región debe superar: la redefinición de la relación con los Estados Unidos; construir una visión común y/o una identidad regional que respalde los esquemas de gobernanza; hacer frente a la competencia y traslape entre las instituciones regionales y subregionales; mantener el liderazgo y el arte de gobernar; fomentar una mayor participación de la sociedad civil; y dar el salto epistemológico de la *gobernabilidad* hacia la *gobernanza*. A fin de cuentas, el desafío principal para

América es lograr pasar de la tradición diplomática de afirmar su autonomía frente a los actores externos, a tomar las riendas de la solución a los problemas más prioritarios que enfrenta la región.

Comprender la gobernanza desde el punto de vista de América Latina y el Caribe

Antes de identificar los retos de la gobernanza a los que se enfrenta la región, primero es necesario interpretar el particular significado que ésta asume desde la perspectiva y experiencia de América Latina y el Caribe. Ciertamente hay algunas similitudes importantes entre los desafíos que enfrentan los gobiernos de las Américas y aquellos relacionados con la gobernanza global más ampliamente hablando. Por ejemplo, como en el caso de la gobernanza global, la solución a muchos problemas intermésticos a nivel regional está más allá del alcance de cualquier gobierno latinoamericano y caribeño. Una muestra de estos temas regionales incluye las pandemias –como el reciente brote de la gripe A (H1N1)–, el narcotráfico y el crimen transnacional, el comercio de armas pequeñas, la migración transnacional y el tráfico de personas. Al igual que con la gobernanza global, la regional en el caso de las Américas requiere de coordinación y colaboración multilateral, así como de la creación de consensos en torno a la construcción de bienes públicos regionales y de regímenes de temas específicos, o lo que Rosenau[6] ha llamado "esferas de autoridad".

---

[6]   Rosenau, James N. (2002), "Governance in a new global order", en David Held y Anthony McGrew (eds.), *Governing Globalization: Power, Authority, and Global Governance*, Cambridge, UK, Polity, pp. 70-86.

No obstante, la gobernanza, ya sea global o regional, se muestra completamente diferente desde la Ciudad de México, La Paz o San Pablo con respecto a cómo se observa en Londres, Nueva York o Toronto. El punto de vista, y la experiencia latinoamericana y caribeña en términos de gobernanza, son muy distintos. Es importante destacar que la gobernanza regional históricamente no se ha tratado sólo de ejercicios neutrales y bien intencionados de resolución de problemas en los que todos los países y sus Estados comparten un destino común e intereses mutuos. Los gobiernos y los pueblos de la región también se han enfrentado al reto adicional de tener que transformar las instituciones regionales de gobernanza que han servido simultáneamente como instrumentos de dominación e influencia de EE.UU. Como Cox[7] observó, las instituciones multilaterales están atravesadas por las tensiones de poder Norte-Sur, y cumplen una función muy diferente desde la perspectiva de las potencias occidentales frente a los países en desarrollo.

En las Américas, las instituciones de gobernanza regional han sido la plataforma para los actuales esfuerzos de multilateralismo defensivo o reactivo de América Latina. La OEA, por ejemplo, ha sido durante mucho tiempo un foro en el que los Estados miembros de América Latina y el Caribe han realizado esfuerzos de "equilibrio blando" (*soft balancing*), a fin de contener y resistir los intentos de dominación de EE.UU., así como para afirmar su autonomía.[8] Desde su

---

[7]   Cox, Robert W. (1997), *The new realism: Perspectives on multilateralism and world order*, London, Macmillan.

[8]   Sobre las tendencias en América Latina y el Caribe para contrarrestar o balancear la fuerza de Estados Unidos en el multilateralismo interamericano ver Abbott, Kenneth W. (2007), "Institutions in the Americas: Theoretical reflections", en Gordon Mace, Jean-Philippe Thérien, y Paul Haslam (eds.), *Governing the Americas: Assessing multilateral institutions*, pp. 237-253, Boulder, Lynne Rienner; y Shaw, Carolyn M. (2003), *Cooperation, conflict, and consensus in the Organization of American States*, New York, Palgrave.

creación en 1948, el resultado neto de esta tensión recurrente entre Estados Unidos y América Latina ha sido que la institución rectora de la gobernanza hemisférica, la OEA, sufra de una escasez crónica de financiamiento, limitando así su capacidad para hacer frente a problemas regionales difíciles. Los Estados Unidos costean la gran parte del presupuesto de funcionamiento anual de la OEA, mientras que los gobiernos de ALC pagan sólo cuotas anuales limitadas, e incluso con frecuencia reniegan de dichos pagos. La debilidad continua de la OEA refleja el viejo y realista cliché: las organizaciones internacionales sólo son tan fuertes como sus Estados miembros quieren que sean.[9]

Además de la estrategia multilateral de equilibrio blando, estos países también han tratado de frenar la influencia de EE.UU. a través de la creación de entidades multilaterales regionales y subregionales, y de esquemas de integración que han excluido deliberadamente la membresía de EE.UU. Los ejemplos a lo largo de la historia abundan, incluyendo al Sistema Económico Latinoamericano y del Caribe (SELA), el Tratado de 1967 para la Prohibición de las Armas Nucleares en América Latina y el Caribe (Tratado de Tlatelolco), el proceso de Contadora y el Grupo de Río. Como se mencionó anteriormente, esta tendencia ha proliferado en los últimos años.

En consecuencia, los actuales líderes de América Latina y el Caribe heredaron instituciones multilaterales, tradiciones y prácticas que a menudo reflejan un sesgo intencional antigobernanza, construido a través de años de esfuerzos para limitar el poder de EE.UU. en la región. En lo que sigue, identificaré una serie de desafíos específicos a los que se enfrentan los países de ALC para construir la gobernanza regional.

---

[9]   Agradezco a Eduardo del Buey por recordarme de este principio.

Redefiniendo las relaciones con los Estados Unidos

Aunque estamos siendo testigos del declive de la hegemonía de EE.UU. en las Américas, esto no significa por supuesto que este país haya dejado de ser un actor regional importante, ni que va a dejar de promover sus intereses en la región. De hecho, a pesar de su intención explícita de buscar una nueva forma de relacionamiento con las Américas, basado en la igualdad entre sus socios, el gobierno del presidente Barack Obama suscribió recientemente un nuevo acuerdo bilateral con Colombia para el establecimiento de bases militares en suelo colombiano. Como era de esperar, esta medida no fue bien recibida por los vecinos de Colombia.

Hay un intenso debate en la actualidad respecto a qué tipo de relación deben mantener los países de ALC con los Estados Unidos. Si bien la mencionada Cumbre de la Unidad, de febrero de 2010, reveló que existe un amplio consenso entre los países de la región en relación con la necesidad de formar un grupo multilateral, de membresía exclusiva para América Latina y el Caribe, CELAC,[10] están divididos sobre cómo esta nueva entidad debe relacionarse con los Estados Unidos. En un extremo, los países miembros del ALBA desean cortar radicalmente la influencia de EE.UU. en los esquemas de gobernanza regional. En el extremo opuesto se encuentran países como Colombia, que siguen pensando en Estados Unidos como un aliado estratégico. En el medio están países como Brasil, que quiere aumentar su influencia regional mediante la limitación de

---

[10]   Para un buen resumen de los motivos de peso para crear una institución multilateral para el diálogo y la concertación política latinoamericana y caribeña, ver Rojas Aravena, Francisco (2010), "La Comunidad de Estados Latinoamericanos y del Caribe: ¿opción viable para consolidar el multilateralismo latinoamericano?", en *Foreign Affairs Latinoamérica*, 10, 3, julio-septiembre de 2010, pp. 24-31.

la participación de EE.UU. en los asuntos sudamericanos, al tiempo que sigue manteniendo una relación amistosa y pragmática con el "Tío Sam". Otros, como México o el Caribe Anglosajón, valoran un espacio latinoamericano y caribeño exclusivo pero no quieren poner en peligro sus vínculos económicos cruciales con los Estados Unidos.[11]

Ciertamente, una tendencia en curso sería la de que los países, individualmente, continúen sus actuales relaciones pragmáticas con los Estados Unidos y con otros países. En este sentido, el comportamiento de los pequeños Estados insulares del Caribe es un ejemplo. A la vez que mantienen los acuerdos comerciales y de inversión existentes con EE.UU., siguen buscando oportunidades como las creadas por la iniciativa venezolana de Petrocaribe, o las que puede proporcionarle China o la Unión Europea.

Excluir a Estados Unidos, a través de la creación de foros multilaterales y esquemas de integración *"US-free"* es admirable por un lado, pues puede ser una señal de la intención de los países de ALC de hacerse cargo de sus propios asuntos regionales. Por otra parte, no se puede ignorar que Estados Unidos seguirá siendo una fuente importante de capital de inversión o destino de las exportaciones de ALC. Más aun, los Estados Unidos siguen siendo un jugador clave a través de sus relaciones bilaterales con varios países. Asuntos regionales críticos, como el narcotráfico o la gripe A (H1N1), demuestran la necesidad de estrategias regionales coordinadas que requieren, para bien o para mal, la participación de los Estados Unidos.

Por lo tanto, la tendencia actual de simplemente dejar por fuera a los Estados Unidos del multilateralismo

---

[11] Para una perspectiva que aboga por la continuidad de un rol importante de Estados Unidos en la arquitectura multilateral de la región, ver Boniface, Dexter S. (2010), "La posición de Estados Unidos frente al multilateralismo latinoamericano", en *Foreign Affairs Latinoamérica*, 10, 3, julio-septiembre de 2010, pp. 51-56.

subregional y regional no es adecuada. Los líderes de ALC deberían aprovechar la oportunidad presentada por el llamado del presidente Obama a una nueva asociación entre iguales, para definir los términos y el contenido de esa alianza y para evaluar cómo comprometer a los estadounidenses de una manera que fortalezca su propia mano en la gestión de los asuntos regionales. Curiosamente, los Estados Unidos no se oponen a un papel de liderazgo de los países de ALC en el gobierno regional. En la medida en que éstos asuman no sólo la dirección sino también una proporción cada vez mayor del coste de la gobernanza regional, la autonomía de América Latina y el Caribe es rentable para el gobierno de Obama en el contexto de sus costosos compromisos globales en curso, como por ejemplo el sinnúmero de conflictos que se abordan en el Oriente Medio. Desde la perspectiva de la seguridad, un flanco sur seguro bajo el liderazgo latinoamericano es también claramente un interés de Estados Unidos.

Aunque fue escrito principalmente para influenciar la política de Obama para el hemisferio occidental, un reciente informe del *Brookings Institution's Partnership for the Americas Commission*[12] aporta algunas propuestas interesantes para desarrollar la idea de una asociación hemisférica entre los Estados Unidos y los países de ALC, en términos de mecanismos reales de gobernanza. Por ejemplo, la Comisión propuso la creación de redes transgubernamentales informales y flexibles para abordar temáticas específicas. Dichas redes también tendrían la ventaja de facilitar y mejorar el diálogo y la comunicación abierta, reducir la jerarquía diplomática, y promover el aprendizaje mutuo, sin la rigidez de las negociaciones multilaterales formales. Asimismo, también

---

[12]   Partnership for the Americas Commission (2008), *Rethinking US-Latin American relations: A hemispheric partnership for a turbulent world*, Washington DC, Brookings Institution.

proponen la creación de un grupo directivo hemisférico
integrado por ocho países líderes del hemisferio occidental,
algo que reconocería la importancia de los cambios recientes
en las relaciones de poder de la región.

La búsqueda de un "elemento adhesivo"

Durante mucho tiempo, el deseo común de limitar las
ambiciones de poder de EE.UU. sirvió a menudo para unir
a los países de ALC. Ahora que el poder hegemónico de
EE.UU. está en franco retroceso, y los países de la región
asumen cada vez más el control de la gobernanza regional,
la pregunta es: ¿qué fungiría como "elemento adhesivo" o
"pegamento" para la cooperación regional? Con los Estados
Unidos sirviendo cada vez menos de *punching bag* para
unir a los líderes de la región, y a pesar de los históricos
intentos periódicos para elaborar y promover una visión
unida de América,[13] es revelador notar las pocas cosas que
atan realmente a los países latinoamericanos y caribeños
y cuán heterogéneos son. Hay, de hecho, numerosas divisiones en la región, que se hacen más evidentes desde
que los Estados Unidos son cada vez menos un catalizador
de la unidad de ALC. Esto incluye divisiones étnicas y ra-
ciales, asimetrías de poder y rivalidades intrarregionales,
las diferencias en el desarrollo económico, y numerosas
disputas bilaterales.

Como varios autores han sugerido,[14] una manifestación
concreta de esto es que los esquemas de integración subre-

---

[13]   Sobre estos intentos periódicos ver Fawcett, Louise (2005), "The origins
       and development of regional ideas in the Americas", en Louise Fawcett
       y Monica Serrano (eds.), *Regionalism and governance in the America,*
       New York, Palgrave *s,* pp. 27-51.

[14]   Burges, Sean (2005), "Bounded by the reality of trade: Practical limits to a
       South American region", en *Cambridge Review of International Affairs,* 18,

gional o regional, como el MERCOSUR, se caracterizan por una sorprendentemente débil interdependencia entre sus Estados miembros. Ellos tienden a ser proyectos políticos más elitistas en lugar de proyectos con un importante significado compartido colectivamente para las poblaciones que entrañan. Una repercusión importante de esto es que la lógica neofuncionalista –que históricamente podría haber contribuido a fortalecer la integración europea y la gobernanza regional a través del tiempo–, tiene una base muy débil en las Américas. La consecuencia podría ser que, a pesar de los urgentes problemas regionales, la gobernanza regional no pueda contar con un fuerte sentido compartido que se proponga unir y movilizar a los gobiernos y los pueblos de ALC. El tema de la construcción de una identidad regional debe, por lo tanto, convertirse en una prioridad clave de los líderes e intelectuales de América Latina.

Complejidad, competencia y traslape de la arquitectura de gobernanza subregional y regional

En varias ocasiones, la compleja arquitectura de gobernanza regional y subregional de las Américas ha sido beneficiosa. Por ejemplo, en la crisis política de Paraguay en 1996, los esfuerzos de los líderes del MERCOSUR complementaron la respuesta de la OEA en una resolución rápida.[15] Durante la creciente crisis en Haití en el periodo 2003-2004, los líderes de CARICOM asumieron un papel importante en la coordinación, junto con la OEA, en la búsqueda de una solución

---

3, octubre de 2005, pp. 437-454; Malamud, Andrés y Pablo Castro (2007), "Are regional blocs leading from nation states to global governance? A skeptical view from Latin America", en *Iberoamericana: Nordic Journal of Latin American and Caribbean Studies,* 37, 1, pp. 115-134.

[15]   Véase Valenzuela, Arturo (1997), "Paraguay: The coup that didn't happen", en *Journal of Democracy,* 8, enero de 1997, pp. 43-55.

política. El amplio e inmediato consenso de la comunidad internacional frente al golpe de Estado en Honduras, el 28 de junio de 2009, dio lugar a medidas comunes de aislamiento diplomático y sanciones que se reforzaron mutuamente, que fueron adoptadas por la OEA, el SICA, la UNASUR y el ALBA. Además, el SICA y la OEA se unieron también a los Estados Unidos para proponer conjuntamente al entonces presidente de Costa Rica, Oscar Arias, como facilitador del diálogo entre Manuel Zelaya y Roberto Micheletti. Los países miembros que constituyen las organizaciones subregionales tales como CAN, CARICOM, SICA y MERCOSUR, también se encuentran como agrupaciones dentro del Consejo Permanente y las Asambleas Generales de la OEA, lo que ha facilitado la elaboración de resoluciones.

En ocasiones, la serendipia o la fortuna han ayudado a que diversas instituciones de gobernanza asuman medidas que se refuerzan mutuamente. El momento de realización de las cumbres regionales y de las asambleas generales se ha utilizado de manera beneficiosa. Por ejemplo, los conspiradores del golpe de Estado en Venezuela en abril de 2002, no podrían haber elegido un momento más inoportuno para lanzar su golpe. Los jefes de Estado de América Latina, reunidos en ese momento en la Cumbre del Grupo de Río en San José, condenaron rápidamente el acto y dieron la instrucción a la OEA de invocar el artículo 20 de la Carta Interamericana Democrática y convocar a una Asamblea General Extraordinaria.[16] En el caso de la crisis provocada por la incursión militar colombiana en territorio ecuatoriano para atacar un campamento de las FARC, en marzo de 2008, la realización de la ya programada Cumbre del Grupo de Río, en Santo Domingo, poco después

---

[16]   Cooper, Andrew F. y Thomas Legler (2001), "The OAS democratic solidarity paradigm: Questions of collective and national leadership", en *Latin American Politics and Society,* 43, 1, primavera de 2001, pp. 103-126.

de la reunión de emergencia de la OEA, definitivamente
ayudó a mantener la presión diplomática y los esfuerzos
para una resolución exitosa y pacífica.

Lamentablemente, las relaciones interinstitucionales
no siempre son sinérgicas. La competencia y la tensión
también pueden caracterizarlas. Durante las elecciones
presidenciales de Venezuela de 2006, por ejemplo, tanto la
OEA como la UNASUR enviaron misiones de observadores
electorales, planteando el interrogante sobre si las acciones
de UNASUR aumentarían la capacidad de la observación
electoral de la OEA o la desafiarían. Si bien inicialmente
existía un consenso internacional en contra del golpe de
Estado en Honduras, cuatro meses después los países de
la región se polarizaron sobre la cuestión de reconocer o
no la legitimidad de las elecciones presidenciales del 29 de
noviembre, lo cual debilitó las acciones multilaterales frente
al gobierno de facto de Roberto Micheletti.[17] Los países
miembros del ALBA han amenazado repetidamente con
abandonar la OEA. La relación del ALBA con organizaciones
subregionales como la Comunidad Andina, el SICA y la
UNASUR no está clara. La proliferación de organizaciones
multilaterales y de esquemas de integración inevitablemente crea problemas de coordinación y competencia
por recursos escasos, esta última agravada por la exclusión
deliberada de los Estados Unidos de estos foros.

Mantener el liderazgo y el arte de gobernar

Para la auténtica apropiación de la gobernanza regional
por parte de América Latina y el Caribe se requerirá de un

---

[17]   Sobre la respuesta internacional a la crisis hondureña, ver Legler, Thomas
        (2010), "Learning the hard way: Defending democracy in Honduras", en
        International Journal, verano de 2010, pp. 57-74.

liderazgo sostenido. Por su puesto ha habido numerosos ejemplos históricos de liderazgo situacional y creatividad diplomática por parte de los líderes y diplomáticos latinoamericanos, desde el Tratado de Tlatelolco, pasando por Contadora, hasta Esquipulas.[18] En la V Cumbre de las Américas, realizada en Trinidad y Tobago, en abril de 2009, y en la Asamblea General de la OEA de junio de 2009, celebrada en San Pedro Sula, los gobiernos latinoamericanos y caribeños lograron exitosamente posicionar a Cuba como prioridad de la agenda interamericana, a pesar de la resistencia de los Estados Unidos. No obstante, mantener el liderazgo de ALC con frecuencia ha demostrado ser un tremendo desafío.[19]

Por ejemplo, es importante preguntarse si el sucesor de Lula será capaz de mantener su éxito, y el del ex presidente Cardoso, en la transformación del Brasil en un líder regional y mundial. Como Brasil ha demostrado, el país tuvo que transformar su identidad estatal con el fin de convertirse en verdadera potencia regional. En aras de la gobernanza interamericana, sólo se puede esperar que el liderazgo de Brasil se convierta en un rasgo permanente de su identidad estatal. México, por su parte, continúa siendo un gigante dormido cuya aspiración de convertirse en una potencia regional al lado de Brasil se ve obstaculizada por la constante oposición interna en contra de que asuma un rol más activo e internacionalista.

Inevitablemente, los problemas económicos y políticos en casa frustran el liderazgo concertado en los asuntos internacionales. La atención de México es desviada por el grave conflicto interno causado por el narcotráfico, así

---

[18]   Ikenberry distingue entre tres tipos de liderazgo internacional: estructural, institucional y situacional. Ikenberry, G. John (1996), "The future of international leadership", en *Political Science Quarterly,* 111, 3.

[19]   Cooper, Andrew F. y Thomas Legler (2001), *op. cit.*

como por empeoramiento de la situación de inseguridad humana. Las ambiciones de liderazgo regional por parte de Argentina son constantemente limitadas por su vulnerabilidad económica. La petrodiplomacia de Chávez depende de altos precios internacionales del crudo. La mayoría de los países de América Latina y el Caribe todavía están preocupados por abordar los embates causados por la actual crisis económica internacional que comenzó en 2008.

La construcción de una efectiva gobernanza regional significa que los gobiernos de ALC deben estar preparados para asumir los costos de mantener una gran infraestructura multilateral. Históricamente han sido Estados Unidos, Canadá y otros Estados miembros de la Organización para la Cooperación y el Desarrollo Económico (OECD) quienes han financiado a la OEA y a la gobernanza interamericana. De manera tradicional, los gobiernos de ALC han sido muy creativos en términos de una diplomacia de un relativo bajo costo, como ya se ha sugerido a través de ejemplos como el Tratado de Tlatelolco, Contadora y Esquipulas. Pero muchos de los problemas relacionados con la gobernanza en la región, como el combate al narcotráfico y el crimen transnacional, o cuando se llevan a cabo las misiones de paz, requieren del compromiso de considerables recursos.

Hasta el momento, los resultados han sido variados. Por ejemplo, por un lado, el reciente terremoto de Haití provocó un desbordamiento instantáneo y admirable de apoyo material y logístico por parte de los vecinos de América Latina y el Caribe. Brasil ya ha demostrado su impresionante capacidad para movilizar recursos cuando organizó y fue anfitrión de cuatro cumbres regionales al mismo tiempo, en diciembre de 2008.[20] Hugo Chávez ha demostrado ampliamente la capacidad venezolana de canalizar recursos

---

[20]   Malamud, Andrés (2009), *Four Latin American summits and Brazil's leadership*.

considerables a través de su petrodiplomacia en niveles que
rivalizan los desembolsos de ayuda de los Estados Unidos.

Por otro lado, queda por ver si los abundantes nuevos
foros multilaterales en las Américas recibirán el financiamiento
básico por parte de sus Estados miembros de ALC. Es un dato
revelador y desalentador que México, como el catalizador
principal de la creación de la nueva Comunidad de Estados
Latinoamericanos y Caribeños (CELAC), abogara en contra
de que la nueva organización se convierta en otra costosa
burocracia internacional, en lugar de donar un fondo semilla
para su creación. Los signos de otras organizaciones como
la UNASUR, donde Brasil y Venezuela son los donadores
potenciales más fuertes, tampoco son alentadores. Sin embargo, la responsabilidad de pagar la factura de la gobernanza
multilateral, por supuesto recae en las grandes economías
de la región. Mientras los países más pequeños han sido importantes jugadores de poder blando (*soft power players*), su
creciente compromiso con el abundante número de iniciativas
regionales y subregionales ha estirado sus recursos limitados.
Gracias a la proliferación de nuevos mandatos multilaterales,
a través de las numerosas cumbres regionales, tendencia
adecuadamente llamada "cumbritis"[21] el cuerpo diplomático
de muchos países pequeños se encuentra trasladándose de
una cumbre o reunión internacional a otra.

En lugar de la consolidación de fuertes y bien financiadas
instituciones internacionales, el multilateralismo pro témpore
es común en la región. Es decir, como en el caso del Grupo
de Río, los Estados miembros se turnan la secretaría por periodos limitados. Por el lado positivo, esto permite que los
distintos países puedan demostrar su liderazgo, al menos en
periodos cortos. También ayuda a evitar la construcción de
abultadas, costosas y frecuentemente ineficientes burocracias
internacionales. Por el lado negativo, el liderazgo sostenido y

---

[21]   Rojas Aravena, Francisco (2010), *op. cit.*

la memoria institucional son sacrificados en la vía pro témpore. Al final de cuentas, esta modalidad bien puede reflejar una renuencia general a asumir los costes derivados de las secretarías multilaterales de carácter más permanente.

El fortalecimiento del liderazgo también requiere del cambio de actitudes anticuadas. Un síndrome que se debe superar es el de víctima de la dependencia. Durante muchas décadas, el subdesarrollo de ALC, y el daño histórico causado por el imperialismo estadounidense y el colonialismo europeo, sirvieron de justificación para imponer la carga del financiamiento de la gobernanza interamericana sobre los hombros de EE.UU. La realidad es que los países de ALC no pueden continuar manejando los dos discursos si es que realmente quieren ser los jefes en su propio patio trasero. Una gobernanza realmente autónoma trae consigo una etiqueta con un alto precio.

Otro patrón que debe dejarse de lado es la apatía histórica de ALC junto al paternalismo estadounidense. Paradójicamente, mientras los latinoamericanos y caribeños han criticado a Estados Unidos por su injerencia en sus asuntos internos, a la vez ha existido por mucho tiempo la expectativa de que EE.UU. debe asumir un papel destacado en la solución de los problemas urgentes de la región. Un ejemplo claro de ello es la respuesta internacional al golpe de junio 2009 en Honduras. El presidente Obama recibió fuertes críticas de toda la región por no haber hecho más para ayudar a resolver la crisis hondureña. A esto Obama respondió acertadamente en la Cumbre de líderes de América del Norte, en Guadalajara, en agosto de 2009: "Los críticos que dicen que los Estados Unidos no han intervenido lo suficiente en Honduras, son los mismos que dicen que siempre estamos interviniendo, y que los *yankees* deben salir de América Latina."[22]

---

[22]   "The critics who say that the United States has not intervened enough in
Honduras are the same people who say that we are always intervening,

Ampliando el club

Una de las características de las nuevas prácticas de gobernanza global es la creciente incidencia del multilateralismo complejo.[23] Es decir, las redes transnacionales de actores no estatales, incluyendo las organizaciones no gubernamentales (ONG) y firmas del sector privado, han logrado importantes incursiones en el multilateralismo interestatal tradicional. En las Naciones Unidas, por ejemplo, se han pasado momentos oscilantes de intergubernamentalismo, es decir, el multilateralismo interestatal tradicional, y el transnacionalismo, o el multilateralismo complejo.[24]

Sin embargo, las Américas siguen distinguiéndose por una mentalidad de grupo estrecha, tipo *club*, en el que se restringe la membresía al multilateralismo regional exclusivamente a los gobiernos y sus representantes diplomáticos designados.[25] Existe un fuerte descrédito a expandir las prácticas multilaterales, o a ampliar el *club* para incluir la participación de los actores no estatales.[26] En un sentido limitado, existe en ocasiones una forma más elitista del multilateralismo complejo, como las negociaciones de acuerdos comerciales, en el que grupos selectos de gente de negocios o de ONG "inofensivas" obtienen acceso limitado a la toma de decisiones.

Tomando en cuenta que la defensa de la soberanía ha sido un elemento importante para los países de ALC en su

---

and that the Yankees need to get out of Latin America." *The New York Times.* 11 de agosto de 2009.

[23] O'Brien, Robert, A. M. Goetz, y Jan Aart Scholte (2000), *Contesting global governance*, Cambridge, Cambridge University Press.

[24] Cronin, Bruce (2002), "The two faces of the United Nations: The tension between intergovernmentalism and transnationalism", en *Global Governance*, 8, pp. 53-71.

[25] Cooper, Andrew F. y Thomas Legler (2001), *op. cit.*

[26] Serbin, Andrés (2010), "Avatares del multilateralismo latinoamericano", en *Foreign Affairs Latinoamérica*, 10, 3, junio-septiembre de 2010, pp. 6-11.

búsqueda histórica por hacer valer su autonomía *vis a vis*
con los Estados Unidos, otro de los elementos relacionados
de esta mentalidad del *club* es la persistencia de la *soberanía ejecutiva*.[27] Es decir, el multilateralismo tipo *club* de
la región ha respetado y reconocido tradicionalmente la
autoridad suprema de jefes de Estado, y la de sus designados diplomáticos, en los asuntos internacionales. Incluso
los líderes nacionales de la izquierda se han suscrito a esta
práctica institucionalizada. La idea de una soberanía popular, como base de las relaciones exteriores de un país, ha
logrado muy pocas incursiones en la soberanía ejecutiva.
En consecuencia, la diplomacia multilateral de América
Latina, como lo demuestra la afición por las cumbres, sigue
siendo hiperpresidencialista en su naturaleza.[28]

De esta manera, nos encontramos con dos fenómenos
en gran medida desconectados operando a nivel regional y
subregional. Por un lado, a pesar de la apertura simbólica
a la participación de la sociedad civil en organizaciones
como la OEA, y a pesar de la demanda de mayor "diplomacia ciudadana",[29] el multilateralismo interestatal exclusivo
persiste en las Américas. Es revelador que una organización
como el ALBA, que aparentemente promueve la participación política popular en la región, sea altamente elitista en
sus propios procedimientos.[30] Por otro lado, desde la década

---

[27] Cooper, Andrew F. y Thomas Legler, (2001), *op. cit.*; y Committee on
Foreign Relations (2010), *Multilateralism in the Americas: Let's start by
fixing the OAS*, Report to the Committee on Foreign Relations, United
States Senate, pp. 54–584, PDF Washington DC, US Government Printing
Office, 26 de enero.

[28] Rojas Aravena, Francisco (2010), *op. cit.*; Serbin, Andrés (2008), *op. cit.*

[29] Serbin, Andrés (2003), "Retos de una diplomacia ciudadana en América Latina y el Caribe: Hacia una necesaria autoevaluación crítica", en
Futuros, 1, 1.

[30] Sobre el ALBA ver Altmann Borbón, Josette (2010), "El ALBA: de alternativa de integración a una alianza político-ideológica", en *Foreign Affairs
Latinoamérica*, 10, 3, junio-octubre de 2010, pp. 32-38.

de 1990, se ha producido un incremento de la actividad transnacional de la sociedad civil, aunque hasta ahora ha tenido poca influencia sobre la gobernanza regional.[31] Sin embargo, sacar provecho de la energía y de los recursos de la sociedad civil de ALC tiene mucho sentido, debido a la costosa y desafiante propuesta de la gobernanza regional de América Latina y el Caribe.

La autonomía limitada de las organizaciones internacionales respecto a sus Estados miembros ha sido un elemento adicional de ese multilateralismo tipo *club*.[32] Por ejemplo, a pesar de un cierto margen para el uso de sus buenos oficios, el Secretario General de la OEA, histórica y deliberadamente, se ha mantenido bajo una estricta vigilancia por parte de los Estados miembros. Los signos de una apertura innovadora de la autoridad independiente de UNASUR no son alentadores, lo que sugiere que se trata de un rasgo casi permanente de la cultura diplomática de América Latina y el Caribe. Una implicación importante de esto es que las funciones de gobernanza esenciales en la construcción de regímenes internacionales o esferas de autoridad se enfrentan con los auténticos límites de la legalización (*legalization*). Una "legalización blanda" parece ser el límite natural de estos regímenes ante la renuencia de los gobiernos de ALC de delegar autoridad real en organizaciones intergubernamentales para su gestión y ejecución.[33]

---

[31] Grugel, Jean (2006), "Regionalist governance and transnational collective action in Latin America", en *Economy and Society*, 35, 2, mayo de 2006, pp. 209-31.

[32] Feinberg, Richard (2010), "Multilateralismo en las Américas: La exclusión no es la solución", en *Foreign Affairs Latinoamérica*, 10, 3, junio-septiembre de 2010, pp. 12-17.

[33] Los procesos de legalización en las relaciones internacionales se componen de tres elementos: precisión, obligación y delegación. Ver Abbott, Kenneth W., Robert O. Keohane, Andrew Moravcsik, Anne-Marie

El cambio epistemológico

Existe otra paradoja con respecto a la gobernanza regional en las Américas. Mientras que los hacedores de políticas de América Latina y el Caribe están bien instruidos en el discurso político del "buen gobierno" (*good governance*), y a pesar de que no faltan los problemas interméstricos a nivel subregional y regional, la noción de gobernanza global es aún poco familiar en los círculos políticos e intelectuales.[34] Dar el salto epistemológico hacia la gobernanza global y regional conlleva dos desafíos importantes y relacionados entre sí.

En primer lugar, hay una fuerte tradición persistente en la región en torno al estudio de la gobernabilidad en lugar de la gobernanza. En su sentido más estricto, la gobernabilidad refiere a cómo los distintos gobiernos individualmente crean estrategias para poder gobernar. En un sentido de Estado-sociedad más amplio y progresista, la gobernabilidad implica cómo gobernar, pero poniendo énfasis en las cuestiones relacionadas con la sociedad civil, la participación popular y el empoderamiento. Aunque los estudios sobre la gobernabilidad han comenzado a introducir el impacto de la globalización en sus problematizaciones, su punto de partida es esencialmente culpable de nacionalismo metodológico: gobernabilidad fundamentalmente desde el punto de vista doméstico. De alguna manera, esto no es ninguna sorpresa; instituciones eficaces y autoridad estatal no necesariamente pueden darse por hecho en muchos países de América Latina y el Caribe, y

---

Slaughter, y Duncan Snidal (2000), "The concept of legalization", en *International Organization*, 54, 3, verano de 2000, pp. 401-419.

[34] Para ver un importante esfuerzo pionero para cerrar esta brecha, Maggi, Claudio y Dirk Messner (editores) (2002), *Gobernanza global: Una mirada desde América Latina*, Caracas, Fundación Desarrollo y Paz, Nueva Sociedad.

por ello estas cuestiones son un foco central de análisis. En muchos casos es difícil cambiar de la gobernabilidad a la gobernanza regional o global, con su preocupación por la construcción de regímenes internacionales y/o esferas de poder, cuando la unidad más básica en la construcción de esquemas de gobernanza, el Estado y/o el gobierno, es problemática.

En segundo lugar, la gobernanza global, tanto en la teoría como en el discurso, es principalmente de origen liberal.[35] Por un lado, la tendencia homogenizante en la gobernanza global liberal, que enfatiza en problemas comunes globales, es nuestro destino común, y la cooperación, así como su falta de atención a las dimensiones de poder, esboza una bonita imagen de la gobernanza global que choca con las experiencias de dominación externa, asimetrías de poder, desigualdad y pobreza que han experimentado América Latina y el Caribe.[36] No necesariamente tiene el mismo significado para las poblaciones de esta región que para los occidentales, quienes puede que vean más posibilidades de una gobernanza global unificada producto de su relativamente más uniforme y privilegiado estándar de vida. La respuesta natural para muchos latinoamericanos y caribeños es preguntarse, ¿gobernanza global para quién?

Por otra parte, en los últimos años, América Latina ha estado experimentando una reactivación del apoyo popular a los gobiernos de diversas tendencias de centro-izquierda. A pesar de su heterogeneidad, un hilo común entre muchos de estos gobiernos y sus partidarios, de Chávez a Correa,

---

[35] Para un argumento clásico y liberal sobre la gobernanza global ver el informe pionero de las Naciones Unidas preparado por la Comisión sobre Gobernanza Global. Commission on Global Governance (1995), *Our global neighborhood*, Oxford, Oxford University Press.

[36] Para críticas más fuertes a la gobernanza global liberal ver el volumen editado de Barnett, Michael N., y Raymond Duvall (editores) (2005), *Power in global governance*, Cambridge, Cambridge University Press.

a Funes, a Lula, es el fuerte rechazo a la variante actual
del liberalismo económico y político: el neoliberalismo /
el Consenso de Washington y la democracia liberal. Aun
cuando fuera posible identificar un conjunto de problemas
comunes que atentaran contra todas las poblaciones de
ALC, sería una tarea difícil lograr que ellos adoptaran un
discurso y un marco liberal de gobernanza para la región.

De la afirmación de la autonomía a la gobernanza autónoma

Es muy alentador que los gobiernos latinoamericanos
y del Caribe estén mostrando cada vez más su audacia,
confianza, diversificación, autonomía, flexibilidad y prag-
matismo a nivel internacional. Estas tendencias significan
una oportunidad única para dejar en el pasado los modelos
históricos de la dominación extranjera. Bien podríamos
estar presenciando una transformación dramática del sistema interamericano, que pasa de estar dominado por los
Estados Unidos a un modelo de gobernanza regional hecho
en América Latina y el Caribe

Sin embargo, tal como se ha analizado en este documento, los desafíos que esto implica son inmensos.
En pocas palabras, los ciudadanos y los gobiernos de las
Américas deben pasar de una política exterior basada en
la afirmación tradicional de la autonomía, a una política
donde realmente se hagan cargo, y pongan en sus propias
manos, la solución de los problemas de la región. Ahora que
disfrutan de grados de autonomía sin precedentes, la tarea
aun más difícil es la de administrar y financiar por cuenta
propia los muchos detalles que hay en la construcción de
esquemas de gobernanza regional.

Esto requerirá nada menos que un fuerte cambio cultural. Construir la propia gobernanza regional requiere

modificar la vieja y tradicional tendencia a querer impedir, o contener, la gobernanza interamericana, cambiando las actitudes tradicionales de la dependencia en pos de asumir un liderazgo sostenido, demostrando la voluntad para invertir recursos reales, abriendo el viejo *club* del multilateralismo para promover la participación de la sociedad civil, y superando los obstáculos epistemológicos. Pronto veremos si los pueblos y sus gobernantes estarán preparados para enfrentar esta tarea colosal.

Regionalismo y soberanía nacional en América Latina: los nuevos desafíos[37]

Andrés Serbin[38]

Introducción

El agotamiento del modelo de regionalismo abierto, que primó en la década de 1990 en la América Latina y el Caribe, ha dado paso al inicio de una nueva fase en el proceso de integración regional, que algunos analistas caracterizan como regionalismo posliberal o posneoliberal. A principios de la actual década, han emergido nuevos esquemas y proyectos de integración de rasgos distintivos, caracterizados por el desplazamiento de los temas de liberalización comercial y desregulación por una agenda marcadamente política, signada por el retorno a un rol protagónico del Estado. La transformación de la Comunidad Sudamericana de Naciones (CSN), impulsada desde la década de 1990 por Brasil, en la Unión de Naciones Suramericanas (UNASUR), con una agenda regional innovadora, es uno de los hitos del inicio de esta nueva fase. La creación, aún en curso, de la Comunidad de Estados de América Latina y el Caribe (CEALC) es otro de los indicadores. La conformación progresiva de la Alternativa Bolivariana de las Américas (ALBA),

---

[37] Este artículo fue publicado por *Nueva Sociedad* como Documento núm. 62, en agosto de 2010, y por CRIES como Documento núm. 15, en octubre de 2010. El autor agradece los valiosos comentarios hechos por Ricardo Arredondo y Gilberto Rodrigues a este trabajo.

[38] Presidente Ejecutivo de la Coordinadora Regional de Investigaciones Económicas y Sociales (CRIES).

promovida por el presidente Hugo Chávez en base a los recursos petroleros venezolanos, en contraposición al Área de
Libre Comercio de las Américas (ALCA), es otro referente de
este proceso de regionalismo posliberal. No obstante, estos
procesos se desarrollan en un marco regional caracterizado
por la fragmentación y la heterogeneidad, en tanto persisten
iniciativas de acuerdos de libre comercio entre algunos países
de la región y EE.UU., y además algunos países latinoamericanos continúan privilegiando sus políticas y acuerdos
comerciales como prioridades de su política exterior.

Sin embargo, mientras que los derroteros de la CEALC,[39]
en términos de la integración regional, aún están en pleno
proceso de definición, su creación refuerza una tendencia distintiva del regionalismo posliberal desarrollado en
América del Sur con la redefinición de un espacio sudamericano caracterizado por la exclusión explícita de EE.UU.[40]

La creación de este espacio sudamericano ha dado
lugar a la progresiva configuración de un entramado regional de organizaciones, foros e instancias multilaterales
diversas, cuyo perfil no está aún claramente definido, pero
que marcan los lineamientos generales de un proceso de
regionalismo con características propias. Algunas de ellas
remiten a la reafirmación de la soberanía nacional como
principio constitutivo del legado jurídico latinoamericano,
a la reticencia por parte de las naciones sudamericanas a
cualquier cesión de la misma en aras de algún ordenamiento
jurídico supranacional,[41] y a su reafirmación como principio

---

[39]   Ver Hoffay, Mercedes (2010), "UNASUR: ¿un interlocutor autorizado
       con los EEUU?", en *Pensamiento Propio*, núm. 31, 1-7/2010, y Costa
       Vaz, Alcides (2010), "La Comunidad de Estados Latinoamericanos y
       Caribeños. La factibilidad y necesidad de un nuevo organismo regional",
       en *Nueva Sociedad,* núm. 27, 5-6/2010, pp. 4-8.
[40]   Esta exclusión también se extiende a Canadá.
[41]   O al eventual fracaso de cualquier iniciativa en este sentido, como lo
       revela la experiencia de la Comunidad Andina de Naciones (CAN).

inalienable del Estado westfaliano surgido en la región con las luchas por la independencia del siglo XIX,[42] junto con un cuestionamiento implícito al sistema interamericano.[43]

No obstante, la soberanía nacional ha sido amenazada por el impacto del proceso de globalización económica en las décadas precedentes, al perder el Estado el control sobre ciertas actividades, en particular el flujo de comercio, de inversiones y de tecnología, y a la vez, disputada por el proceso de globalización de los derechos humanos, en tanto las normas globales sobre derechos humanos son un desafío directo a un aspecto de la autoridad del Estado (su derecho a regular las relaciones entre sus súbditos y sus gobernantes libre de interferencia externa[44]). El derecho a

---

[42]   Krasner diferencia cuatro usos de la noción de soberanía en la actualidad: la soberanía de interdependencia, la soberanía interna, la soberanía westfaliana, y la soberanía legal internacional, con frecuencia imbricadas entre sí. Mientras que la soberanía de interdependencia refiere a la capacidad de los Estados para controlar el movimiento a través de las fronteras, y la soberanía interna a las estructuras de autoridad dentro de los Estados y a la capacidad de estas estructuras para regular efectivamente el comportamiento, la soberanía westfaliana o vatteliana refiere a la exclusión de fuentes externas de autoridad del Estado nación, tanto de *jure* como de *facto*, mientras que la soberanía legal internacional se refiere al reconocimiento mutuo de los Estados en el sistema internacional. Las características de la formación del Estado nación en el ámbito latinoamericano, como señala el mismo autor, remiten básicamente al tercer tipo, y eventualmente al cuarto, en tanto "las estructuras estatales que se desarrollaron en los Estados surgidos de los imperios español y portugués en el Nuevo Mundo eran compatibles con el modelo westfaliano", y el ulterior desarrollo de las naciones latinoamericanas contribuyó a generar una amplia gama de aportes al derecho internacional. Ver Krasner, Stephen (2000), "La soberanía perdurable", en *Colombia Internacional*, núm. 53. pp. 25-41 y 27-28; y Krasner, Stephen (2001), *Soberanía, hipocresía organizada*, Paidós, Buenos Aires, p. 253.

[43]   Serbin, Andrés (2010), "OEA y UNASUR: seguridad regional y sociedad civil en América Latina", *Documentos CRIES*, núm. 14, Buenos Aires, CRIES.

[44]   Stephen Krasner (2001), *op. cit.*, p. 32.

intervenir en las relaciones entre gobernantes y goberna-
dos ha sido justificado, en especial a partir de la creación
de la Organización de Naciones Unidas (ONU) y de la
aprobación de la Declaración Universal de los Derechos
del Hombre, y en años más recientes, a partir de las crisis
humanitarias surgidas después de la Guerra Fría, no sólo en
términos de derechos humanos, sino también en nombre
de los derechos de minorías y en la necesidad de asegurar
la estabilidad y seguridad internacionales.[45] Sin embargo,
pese a que estos procesos han desafiado persistentemente
las soberanías westfaliana y de interdependencia, "ningún
conjunto alternativo de arreglos institucionales ha suplan-
tado a las reglas asociadas a la soberanía estatal."[46]

En este marco, el presente artículo aborda tanto la evolución y persistencia del principio de soberanía nacional en
el contexto latinoamericano contemporáneo (y en especial
en al ámbito sudamericano), como sus posibilidades de
compatibilización con un conjunto de estructuras regionales que profundicen el proceso de integración regional.
En función de este objetivo, el artículo se centra en analizar los alcances del concepto de soberanía nacional y sus
adaptaciones en el contexto latinoamericano; en evaluar las
características distintivas y los avances del actual proceso
de regionalismo posliberal sudamericano, a través de las
más destacadas experiencias actuales de integración en la
región y de diversas iniciativas sectoriales, y en explorar, en
conclusión, las posibilidades efectivas de impulsar algunas
iniciativas que superen las limitaciones impuestas por la
soberanía nacional al proceso de integración regional en
América Latina.[47]

---

[45]   *Ibíd.*, p. 33
[46]   *Ibíd.*, p. 34.
[47]   Dados los límites del presente trabajo, no profundizaremos en la dis-
       cusión conceptual y en el debate contemporáneo acerca de lo que

América Latina y la soberanía nacional

América Latina detenta una tradición jurídica relevante en el derecho internacional, y en este marco, pese a su relativa marginalidad en el sistema internacional, los países de la región han promovido históricamente un orden internacional regulado, han desarrollado innovaciones importantes en el campo del derecho internacional, y han promovido la resolución pacífica de las disputas entre Estados y el rechazo al uso de las fuerza, a través de la acción de diversas organizaciones multilaterales y sobre la base del respeto de los principios de soberanía nacional, no intervención y resolución pacífica de disputas.

De hecho, comparativamente con otras regiones del mundo, y probablemente en función de esta tradición jurídica y de una aspiración consistente a promover y respetar el derecho internacional, la región es una de las más pacíficas a nivel mundial, ha sufrido históricamente pocos conflictos bélicos recientes y presenta, en comparación con otras regiones, un bajo gasto en defensa,[48] junto con una capacidad crecientemente comprobada de impulsar acciones diplomáticas colectivas frente a las crisis que puedan desatarse en el ámbito regional. Sin embargo, es a la vez la región más violenta, en términos de índices de violencia social y criminalidad, más desigual, en términos socioeconómicos, y que presenta altos índices de pobreza y de exclusión social, pero que, simultáneamente,

---

se entiende por regionalismo, para lo cual remitimos a la abundante literatura académica existente

[48] Heine, Jorge (2006), "Between a Rock and a Hard Place: Latin America and Multilateralism after 9/11", en Newman, Edward, Thakur, Ramesh y Tirman, John (eds.) (2006), *Multilateralism under Challenge? Power. International Order, and Structural Change*, Tokio-Nueva York-París, United Nations University Press.

se distingue por contar con una mayoría significativa de países democráticos.[49]

Por otra parte, según la clásica definición de Kelsen, el concepto de soberanía refiere a que "soberano, bien se trate de un orden, o bien de una comunidad, o bien de un órgano, o bien de un poder, debe ser considerado como lo más alto, como lo supremo, por encima de lo cual no puede haber autoridad más alta que limite la función de la entidad soberana, que obligue al soberano."[50]

En la tradición occidental, este concepto surge en la Edad Media, como un mecanismo para asegurar la autoridad real sobre los señores feudales, y por lo tanto, inicialmente refiere a una dimensión interna de los Estados en formación. Sin embargo, a partir de la firma de los tratados de paz de Westfalia[51] en 1648 entre Estados "soberanos", se asume como una norma esencial por la comunidad internacional y se incorpora como piedra angular de las teorías de relaciones internacionales. Los acuerdos de Westfalia fundamentaron los elementos claves del sistema moderno de Estados soberanos: Estados iguales entre sí, no sujetos a la imposición de ninguna autoridad supranacional, y sobre todo, que no intervienen en los asuntos internos de los demás Estados, con derecho y capacidad de conducir tanto la guerra como los asuntos de la paz a nivel inter-

---

[49]   Con un solo "interregno" en la actual década, con la crisis política desatada en Honduras por un golpe de Estado contra el presidente electo en junio de 2009. Por otra parte, la crisis de Honduras, evidencia, una vez más, la divergencia de políticas y de intereses entre EE.UU. y los países latinoamericanos. Ver al respecto Serbin, Andrés (2010), "Obama y América Latina: a más de un año", en *Pensamiento Propio*, núm. 31, 1-7/2010.

[50]   Kelsen, Hans (1986), *Derecho y paz en las relaciones internacionales*, México, Fondo de Cultura Económica, pp. 103-104.

[51]   Los tratados de Osnabrück y Münster que configuran la paz de Westfalia dieron fin a la Guerra de los Treinta Años en Europa central y la Guerra de los Ochenta Años entre España y los Países Bajos

nacional.[52] En este contexto, la soberanía nacional en el sentido westfaliano debe ser entendida, desde sus orígenes, como un mecanismo que permite a los Estados lidiar con su seguridad y con los conflictos bélicos con otras naciones soberanas, en tanto la soberanía nacional se constituyó en el eje tanto de la defensa de los intereses nacionales como, eventualmente, de una normatividad internacional que permitiese regular la guerra y los conflictos entre naciones.[53]

Después de la Segunda Guerra Mundial, el concepto de soberanía se refuerza con el inicio de los procesos de descolonización que marcan, de una manera determinante, el derecho a la autodeterminación de los pueblos, y consecuentemente consolidan, desde una nueva perspectiva, la idea de que un Estado no puede ser afectado en sus asuntos internos por la intervención de terceros, como parte del andamiaje conceptual que se desarrolla en el marco de las Naciones Unidas.

En este contexto, la no intervención y la autodeterminación se incorporan como aspectos relevantes de la idea de soberanía nacional promovida por los países latinoamericanos en los debates y el proceso que llevaron a la aprobación de la Carta de Naciones Unidas en 1945, en función de sus propias experiencias históricas de dominación colonial y de intervención externa por parte de las potencias europeas y de los Estados Unidos. De hecho, los países de América Latina enfatizaron la necesidad de que la nueva organización incluyera reglas claras en la protección del soberano derecho de los Estados a definir

---

[52]   Evans, Gareth (2008), *The Responsibility to Protect. Ending Mass Atrocity Crimes Once and For All*, Washington DC, Brookings Institution Press, p. 16.

[53]   Ver Kaldor, Mary (2003), "Haz la ley y no la guerra: la aparición de la sociedad civil global", en Castells, Manuel y Serra, Narcís (editores.) (2003), *Guerra y paz en el siglo XXI. Una perspectiva comparada*, Tusquets, Barcelona, pp. 67-98.

su propia forma de gobierno, y contribuyeron a definir de esta manera la autodeterminación y la no intervención como la base del proceso posterior de descolonización.[54]

Dos consideraciones importantes son de resaltar en consecuencia. La primera es que, como vemos, a través de su evolución histórica, el concepto de soberanía nacional, en sus diversas acepciones, ha sido variable y relativo, en la medida que responde a diversos énfasis de acuerdo al contexto histórico en que se lo utiliza,[55] de manera tal que pueden coexistir diferentes ideas acerca de que es la soberanía, de dónde procede y qué es lo que requiere y permite,[56] como lo ilustra la tipología introducida por Krasner citada al inicio de este trabajo. Esta situación no está disociada de la adaptabilidad del Estado, como muchos estudiosos del impacto de la globalización lo han hecho patente. Y la segunda es que, sin embargo, la soberanía de un Estado le confiere una característica básica diferenciadora frente a la emergencia de nuevos actores o sujetos del derecho internacional, tales como las organizaciones internacionales, los actores no estatales o los individuos. En este sentido, Estado y soberanía son indisociables, y en la perspectiva westfaliana, no hay orden internacional sin la vigencia del concepto de soberanía nacional.

No obstante, crecientemente, en el sistema internacional contemporáneo, el Estado, aun siendo soberano, se encuentra sometido a las normas establecidas por el derecho internacional. El desarrollo de este derecho, particularmente en el siglo XX, erosionó algunos aspectos de la noción tradicional de soberanía, al imponer al

---

[54]   Bellamy, Alex (2009), *Responsibility to Protect*, Cambridge, Polity Press, p. 16.

[55]   De Castro Sánchez, Claribel (2006), "¿El fin de la soberanía nacional? El derecho de injerencia humanitaria ante los últimos acontecimientos", en UNED (2006), *Revista de Derecho*, núm. 1. p. 18.

[56]   Bellamy, Alex, *op. cit.*, p. 14.

comportamiento de Estados soberanos una normatividad
que excede su voluntad de obligarse por ciertas normas[57]
y que va más allá de su independencia y de sus alcances
territoriales y políticos.

Desde su independencia a principios del siglo XIX,
América Latina se caracteriza por haber construido gradualmente un sistema sofisticado y altamente desarrollado de derecho internacional y de instituciones a nivel
regional, que incluyen una serie de normas que regulan
su conducta internacional y doméstica.[58] En este marco,
en la región se ha desplegado una tradición legalista y una
"cultura diplomática" de marcado respeto y desarrollo del
derecho internacional. Esta cultura legalista, originada en
el legado español y portugués, ha contribuido a la resolución pacífica de conflictos entre Estados y a la ausencia
de conflictos bélicos significativos desde finales del siglo
XIX,[59] pero también ha servido como marco normativo para
prevenir y evitar la intervención o injerencia de Estados
más poderosos. Como aspectos relevantes de esta cultura
legalista y diplomática, se destacan cinco conjuntos de
normas distintivas: el *uti possidetis* y la integridad territorial; la resolución pacífica de conflictos; la convivencia y la
concertación; la seguridad colectiva, el control de armas y
el establecimiento de medidas de confianza mutua (particularmente en América del Sur); y, muy especialmente, la
soberanía y la igualdad de los Estados, con su corolario del

---

[57]   No obstante, es preciso señalar que cumplen estas normas sólo aquellos
       Estados que carecen de capacidad para escapar a las consecuencias del
       incumplimiento del derecho internacional, mientras que los Estados
       más poderosos utilizan su poder para evitar o para actuar fuera del
       esquema jurídico institucional vigente.

[58]   Kacowicz, Arie (2005), *The Impacts of Norms in International Society.
       The Latin American Experience, 1881-2001*, Notre Dame, University of
       Notre Dame Press, p. 43.

[59]   Con la probable excepción de la Guerra del Chaco en 1933-1935 y las
       guerras entre Ecuador y Perú en 1944 y en 1995-1996

principio de no intervención. Estos principios distintivos se encuentran profundamente arraigados en la región, junto con el compromiso, al menos formal, con el Estado de derecho, el liberalismo político, el republicanismo y la democracia política.[60]

Por otra parte, estos principios, frecuentemente incorporados a las respectivas constituciones de los países latinoamericanos,[61] se han desarrollado en el marco de una alta inestabilidad política y de una debilidad externa que se combinan, desde finales del siglo XIX, con "un paradójico contraste entre la violencia y la inestabilidad política doméstica, y las relativamente pacíficas relaciones internacionales"[62] de los países de la región. En este

---

[60]   *Ibíd.*, pp. 59-63.
[61]   Ver al respecto, por ejemplo, arts. 1, 4 y 170 de la Constitución de la República Federativa de Brasil, disponible en línea: www.acnur.org/biblioteca/pdf/0507.pdf; art. 2, cap. 1 y art. 4, cap. 2 de la Constitución de la República Oriental del Uruguay, disponible en línea: www.parlamento.gub.uy/constituciones/const004.htm; art. 2 y art. 155 de la Constitución de la República de Paraguay, disponible en línea: http://pdba.georgetown.edu/constitutions/paraguay/para1992.html; arts. 1 y 5 de los Principios Fundamentales y art. 11, Título II, Capítulo 1 de la Constitución de la República Bolivariana de Venezuela, disponible en línea: www.gobiernoenlinea.ve/docMgr/sharedfiles/ConstitucionR-BV1999.pdf; art. 5, cap. 1 de la Constitución Política de Chile, disponible en línea: www.resdal.org/Archivo/d000008d.htm; y art. 39 y 89 de la Constitución Política de los Estados Unidos Mexicanos, disponible en línea: www.cddhcu.gob.mx/LeyesBiblio/pdf/1.pdf. Adicionalmente, muchas de las constituciones mencionadas, sin embargo, incluyen parágrafos especiales con el compromiso de la nación de promover la integración latinoamericana, como el parágrafo único del art. 4 de la Constitución de Brasil; art. 6 de la Constitución de Uruguay; y art. 153 de la Constitución de la República Bolivariana de Venezuela, y reconocen, en otros, la normatividad supranacional de los tratados internacionales como en el caso de la República de Paraguay (arts. 137 y 145) y de la Nación Argentina (arts. 31 y 75, ver www.cddhcu.gob.mx/LeyesBiblio/pdf/1.pdf. Todas las referencias citadas remiten a las Constituciones de los países respectivos que rigen en la actualidad
[62]   Kacowicz, Arie (2005), *op. cit.*, p. 48.

contexto, la concepción latinoamericana de un orden legal interamericano ha mostrado una obsesión con las normas de soberanía e independencia de sus Estados miembros, con un énfasis concomitante en el principio de no intervención, particularmente ilustrativo en la doctrinas de Calvo y Drago.[63]

Importantes y significativos cambios en el sistema internacional en las décadas recientes, comenzando por el impacto de los diversos procesos de globalización y el impulso y la eventual crisis del multilateralismo,[64] parecen no haber hecho mella significativa en la conceptualización original de los principales elementos de esta tradición, particularmente en lo referente al concepto de soberanía nacional y de su corolario, el principio de no intervención. No obstante, en tanto construcciones sociales, los elementos y conceptos distintivos de estas tradiciones han estado

---

[63]   En este marco histórico, América Latina se distingue por dos tradiciones jurídicas claramente decantadas. Por un lado, su defensa de los principios de soberanía nacional y de no intervención que, junto con la resolución pacífica de disputas, constituyen los pilares de su actuación en el seno de los organismos internacionales, y en especial, de la OEA y del sistema interamericano. Por otro, por su contribución a la promoción de los derechos humanos desde la década de 1930, y a su articulación tanto en la Declaración Universal de los Derechos del Hombre y en la creación de la Organización de las Naciones Unidas, como en el marco de la OEA, con la creación de la Comisión Interamericana de DD.HH. y la Corte Interamericana de DD.HH. La primera tradición responde a una histórica necesidad de los Estados en formación desde el siglo XIX de privilegiar y defender la soberanía nacional ante cualquier intervención externa, y la segunda, particularmente a partir de la década de 1970 del presente siglo, a la necesidad de promover y preservar los derechos humanos frente a los regímenes autoritarios que proliferaron, hasta la década de 1980, en la región, y que paradójicamente con frecuencia, sin embargo, intentaron legitimarse en el marco de un Estado de derecho.

[64]   Ver al respecto Newman, Edward, Thakur, Ramesh y Tirman, John (2006), "Conclusion: Multilateralism Under Challenge or in Crisis?", en Newman, Edward, Thakur, Ramesh y Tirman, John (eds.) (2006), *Multilateralism under Challenge? Power, International Order, and Structural Change*, op. cit., pp. 531-540.

sujetos a los cambios resultantes de la evolución histórica
de los mismos, del contexto del que han surgido y en el
que se desenvuelven, y de la percepción de los actores
involucrados.[65]

Sin embargo, en la actualidad, es válido preguntarse
si el concepto de soberanía nacional remite a los mismos
contenidos y definiciones que lo caracterizaron en sus
orígenes, y si no está atravesando una profunda revisión
a la luz de las transformaciones recientes del sistema y del
derecho internacional.

La década de 1980, y en particular la década de 1990,
fueron periodos en que se puso en cuestión los alcances de
la soberanía nacional, y particularmente del Estado. Este
tema ha dado lugar a una abundante literatura sobre los
efectos de la globalización sobre la reducción y debilitamiento del Estado y de la soberanía nacional, en función
del desarrollo de la globalización de los mercados, de la
revolución tecnológica que lo acompañó y de la narrativa
neoliberal que la justificó. Pero estudios más recientes
evidencian que, si bien la globalización económica afectó
los alcances de la soberanía estatal y reformuló, en ciertos
aspectos, el rol del Estado en el ámbito internacional, y si
bien la globalización de los derechos humanos, como ya

---

[65]   En este contexto, desde el fin de la Guerra Fría y, en particular, a raíz
del incremento de los conflictos internos en los Estados y de las crisis
humanitarias consecuentes, como en el caso de los Balcanes y de Ruan-
da, la noción tradicional de soberanía entra en colisión con una nueva
noción de soberanía: la noción de soberanía como responsabilidad, que
implica que el Estado tiene responsabilidades frente a sus ciudadanos
y que el fracaso de un gobierno en cumplir con esas responsabilidades
puede legitimar o requerir la interferencia externa de la comunidad
internacional en sus asuntos internos. Un significativo número de las
constituciones actuales de los países latinoamericanos privilegia, en este
sentido, la noción de soberanía del pueblo por encima de la soberanía
del Estado, en tanto éste es asumido como expresión de la voluntad
popular

mencionamos, puso en cuestión la noción de la soberanía nacional restringida al ámbito internacional, en otros aspectos, y particularmente en lo referente a la seguridad y a la defensa del Estado- nación, sus efectos fueron mucho más limitados de lo que plantean algunos enfoques globalistas.[66]

En el caso de América Latina, si se hace un balance del impacto de las reformas estructurales promovidas en la década de 1990, podemos señalar que, si bien el Estado fue obligado a restringir o acotar su soberanía en el ámbito financiero y comercial por la incidencia de actores intergubernamentales, como las instituciones financieras internacionales, y de actores no estatales, como las corporaciones transnacionales (y en limitadas ocasiones por las organizaciones no gubernamentales internacionales –ONGI– y los movimientos sociales transnacionales), la globalización económica erosionó pero no eliminó su capacidad reguladora. Más bien tendió a reforzar su rol en la defensa y, particularmente, en la seguridad regional, en la misma medida en que EE.UU. comenzaba a perder influencia en la región. En suma, si bien la globalización económica afectó el desempeño del Estado en otros ámbitos, no modificó su rol central en la defensa y seguridad.

En este contexto, es necesario ubicar la nueva coyuntura regional que se desarrolla a partir de finales de la década de 1990 del siglo pasado y en la década actual, con el ascenso al poder de gobiernos progresistas y de izquierda en la región, y el cuestionamiento al Consenso de Washington. Estos procesos no han estado disociados de una reafirmación de la soberanía nacional en su concepción

---

[66]   Ver Kazancigil Alí (2007), "The Significance of Statehood in Global Governance", en De Senarclens, Pierre y Kazancigil, Alí (eds.) (2007), *Regulating Globalization. Critical Approaches to Global Governance*, Tokio, United Nations University Press, pp. 37-68.

tradicional, a través del desarrollo de diversas formas de nacionalismo y del rechazo a la intervención o a la influencia hegemónica de actores extrarregionales, y en particular, de EE.UU. Este fenómeno puede vincularse, en esta fase posliberal, a dos tendencias diferenciadas: la construcción de un Estado más eficiente, regulador y protagónico, tanto en lo internacional como en lo doméstico, que profundice el sistema democrático, asumiendo el capital de las reformas y la estabilización macroeconómicas de la década precedente para impulsar nuevas políticas sociales; y el rechazo pleno a las reformas de corte neoliberal, en aras de una estatización creciente sobre la base de la negación de este capital acumulado y en el marco de un sistema populista de capitalismo de Estado, con una fuerte concentración en el poder presidencial. Ambas tendencias remiten a una reafirmación de la soberanía estatal, con marcadas diferencias (más allá de las narrativas respectivas), en relación con la soberanía popular y al empoderamiento ciudadano como soberanía efectiva en el marco de este proceso.[67]

De este modo, es preciso ubicar los actuales desarrollos predominantes en los procesos de integración regional y subregional en América Latina, y evaluar los efectivos alcances de los compromisos establecidos en muchas de las respectivas constituciones en torno a las posibilidades de asumir y acatar los compromisos y las normativas supranacionales que puedan establecerse en el marco de estos procesos.

---

[67] En este sentido, obviamente no es suficiente con remitirse a las constituciones establecidas en los respectivos países, sino que hace falta establecer la consistencia de lo que está escrito y aprobado con lo que en la práctica se desarrolla en las dinámicas políticas respectivas

El regionalismo posliberal en América Latina

Como hemos analizado,[68] una serie de factores han incidido sobre la proliferación de organizaciones multilaterales en América latina y el Caribe en la última década, con la exclusión explícita de EE.UU.[69] Mencionemos brevemente sólo algunos de los más relevantes. Por una parte, en el ámbito internacional, la pérdida de importancia estratégica de la región para EE.UU. a partir del fin de la Guerra Fría; el desplazamiento de sus prioridades estratégicas a otras regiones del mundo, particularmente a partir del 11 de septiembre de 2001; la crisis consecuente del multilateralismo y el debilitamiento del rol de las Naciones Unidas a partir de la invasión a Irak y del despliegue del unilateralismo durante la administración de George W. Bush; el impacto de la globalización económica en la región; y la creciente diversificación de los vínculos económicos y comerciales de los países latinoamericanos, junto con la aceleración de algunas iniciativas de integración consecuentes, con el propósito de constituir economías de escala competitivas. Por otra parte, en el ámbito regional, la reconfiguración del mapa geopolítico de América Latina a raíz del ascenso al poder por la vía electoral de gobiernos progresistas y de izquierda, y la progresiva formulación de nuevas propuestas de regionalismo, entre las que se destacan tres propuestas principales que postulan, a veces de una manera ambigua y fuertemente condicionada por los liderazgos regionales emergentes, una nueva configuración regional a partir de

---

[68]   Ver Serbin, Andrés (2010), "De despertares y anarquías: avatares de la concertación regional", en *Foreign Affairs Latinoamérica*, vol. 10, núm. 3.

[69]   Es importante señalar como precedente que la región dispone de un acuerdo "paraguas" de integración amplio, que remonta a la ALALC (1960) y su sucesora ALADI, en el marco del Tratado de Montevideo de 1980. Ese hecho se enmarca en la tradición legalista y cepalina de la región sudamericana.

la crítica al regionalismo abierto de la década precedente, a la influencia hegemónica de EE.UU. y a la globalización identificada con los postulados neoliberales.

En este marco, como bien lo señala Riggirozzi,[70] después de la visión de la integración promovida por la Comisión Económica para América Latina y el Caribe (CEPAL), desplegada en las décadas de 1950 y 1960, y de la imposición de la visión neoliberal del Consenso de Washington en la década de 1990 con su énfasis en la liberalización comercial y la desregulación como pilares de los acuerdos de libre comercio del "regionalismo abierto", los cambios en la región y a nivel hemisférico y global han dado lugar, desde la década pasada, a una sobreoferta[71] de espacios, esquemas y organismos de integración regional. Esto es así particularmente en el plano de la concertación política y

---

[70] "*The route to analyze the complexities of current regional architecture in Latin America is to make a distinction between moderate regionalist projects born from resilient models conceived by the 'open regionalism' that prevailed during the 1990s, and more radical, counterhegmonic models of integration led by new and deep transformative institutions.*" Riggirozzi, Pía (2010), "*Crisis, Resilience and Transformation: Regionalism beyond Europe*". Trabajo presentado en el seminario "El regionalismo en América del Sur: ¿globalización desde el Sur o continuación de la política nacional por otros medios?", Buenos Aires, FLACSO, 29 de junio de 2010, p. 1.

[71] Altmann, Josette y Rojas Aravena, Francisco (2008), "Introducción. América Latina: dilemas de la integración", en Altmann, Josette y Rojas Aravena, Francisco (editores) (2008), *Las paradojas de la integración en América Latina y el Caribe*, Madrid, Fundación Carolina / Siglo XXI de España, p. XXIV. Esta "sobreoferta" implica una gran presión para las agendas de los mandatarios, en el contexto de la Diplomacia de Cumbres; genera una sostenida falta de coordinación; se caracteriza por un débil estructura institucional y, fundamentalmente, asume plenamente la "regla del consenso" que "rigidiza los procesos de decisión y posibilita una sucesión de vetos cruzados que impiden avanzar de una manera efectiva" que afecta similarmente las características del multilateralismo latinoamericano, en Rojas Aravena, Francisco (2009), *Integración en América Latina: acciones y omisiones, conflicto y co*operación, IV Informe del Secretario General, FLACSO, Secretaría General.

con la exclusión de EE.UU., en función de dos tendencias predominantes. Una primera tendencia que rescata el capital acumulado de las experiencias comercialistas desarrolladas en el marco del Consenso de Washington, en función de una visión productivista y fundamentalmente política, que permite incrementar los niveles de autonomía de los países de la región frente a EE.UU. y diversificar sus vínculos a nivel internacional, como lo ilustra el caso de Brasil y de UNASUR. Y la otra tendencia, en función de una visión distintiva, de carácter ideológico y geopolítico, en franca contestación a EE.UU., como lo ilustra el caso del gobierno de Chávez en Venezuela y el proyecto bolivariano del ALBA. Ambas visiones coinciden en un marcado retorno al estatismo, y en su aspiración a una mayor autonomía con respecto a EE.UU., o al rechazo de su rol hegemónico, en una coyuntura propicia.[72] Sin embargo, se diferencian en los contenidos.

Obviamente, subsisten asimismo visiones asociadas a la orientación de libre comercio de la década de 1990 que, sin embargo, en América Latina no se reflejan en iniciativas específicas de integración regional, más allá de los acuerdos de libre comercio entre EE.UU. y los países de Centroamérica y la República Dominicana (CAFTA-DR), y las iniciativas prevalecientes entre los países de la costa del Pacífico,[73] EE.UU. y los países asiáticos.

---

[72]   Ver Serbin, Andrés (2010), "La Administración Obama y la agenda hemisférica", en Mesa, Manuela (coord.) (2010), *Balance de una década de paz y conflictos: tensiones y retos en el sistema internacional*, Madrid, Fundación Cultura de la Paz / Icaria, pp. 227-252.

[73]   De los cuales los acuerdos de libre comercio con Colombia y Panamá siguen a la espera de una aprobación del Congreso de los EE.UU.

Del ALCA a la conformación de UNASUR y del ALBA

El proceso de globalización económica contribuyó a acelerar, en la década de 1990, la profundización de los procesos de integración regional orientados a desarrollar economías de escala y una más eficiente inserción en el sistema económico internacional. El hemisferio occidental no escapó a esta dinámica. Junto con el establecimiento del Área de Libre Comercio de América del Norte (*NAFTA*, por sus siglas en inglés), los países de América Latina y el Caribe impulsaron, aceleraron o intentaron profundizar diferentes esquemas de integración. Así, por un lado, persistieron, con altibajos, los esfuerzos integracionistas de más larga data, como el Sistema de Integración Centroamericano (SICA), la Comunidad Andina de Naciones (CAN) y la Comunidad del Caribe (CARICOM), y surgieron nuevas iniciativas, de mayor o menor alcance, como el MERCOSUR, el Grupo de los Tres (entre Colombia, México y Venezuela) y la Asociación de Estados del Caribe (AEC), todas ellas enmarcadas, en mayor o menor medida, en una concepción de "regionalismo abierto".[74]

El lanzamiento de la iniciativa de un Área de Libre Comercio de las Américas (ALCA) en 1994, inspirada en el modelo del NAFTA, pareció augurar, en este sentido, un nuevo esfuerzo por materializar un proceso de integración a nivel hemisférico, asociado con los procesos de reforma estructural y de apertura comercial impulsados bajo el

---

[74] Como señala la CEPAL, por "regionalismo abierto" se entiende un "proceso de creciente interdependencia económica a nivel regional, impulsado tanto por acuerdos preferenciales de integración como por otras políticas en un contexto de apertura y desregulación, con el objeto de aumentar la competitividad de los países de la región y de constituir en lo posible un cimiento para una economía internacional más abierta y transparente." CEPAL (1994), *El regionalismo abierto en América Latina y el Caribe*, CEPAL, Santiago de Chile, p. 8.

paraguas del llamado Consenso de Washington. Más allá
de las diferencias y asimetrías existentes entre los países de
la región, bajo el impulso hegemónico de EE.UU. y en base
a un enfoque manifiestamente neoliberal, el hemisferio
pareció iniciar, a mediados de la década de 1990, un ensayo
de integración regional, de filiación predominantemente
comercialista, que abarcaría todas las Américas.[75]

Sin embargo, como ya señalamos, los cambios en el
contexto geopolítico de la región y del mundo, generaron
una progresiva transformación de este panorama inicial a
principios del siglo XXI. En este contexto, el ALCA comenzó
a enfrentar crecientes dificultades en su materialización,
tanto por los obstáculos y las presiones políticas domésticas
en EE.UU., como por la creciente reticencia de algunos
gobiernos de América Latina y el Caribe (en particular,
de los más alejados geográficamente y los menos dependientes comercialmente de EE.UU.), y por el desarrollo
de un creciente cuestionamiento por parte de diversos
movimientos sociales, aglutinados en torno a un proceso
de movilización y de reacción frente a los efectos sociales
negativos de los acuerdos de libre comercio.[76]

En este contexto, no tardaron en surgir propuestas
alternativas sin la participación de EE.UU. En la segunda
mitad de la década de 1990, comienza a esbozarse un Área
de Libre Comercio de Sudamérica (ALCSA), promovida por
Brasil, sobre la base de la articulación de un acuerdo de libre
comercio entre el MERCOSUR y la Comunidad Andina de

---

[75]   Hemos analizado este proceso en más detalle en Serbin, Andrés (2003),
       "El largo (y difícil) camino hacia una integración sudamericana", en
       Ahumada, Consuela y Cancino, Arturo (editores) (2003), *Comunidad
       Andina y MERCOSUR en la perspectiva del ALCA*, Bogotá, Editorial
       Javeriano, pp. 15-54.
[76]   Serbin, Andrés (2003), "Desafíos y obstáculos políticos al ALCA", en
       Nueva Sociedad, núm. 186, 7-8/2003, pp. 86-100.

Naciones,[77] que progresivamente devino, en el año 2004,[78] en la Comunidad Sudamericana de Naciones (CSN), con la inclusión de los países andinos y del Cono Sur (incluyendo Chile), y de Guyana y Surinam (tradicionalmente vinculados con la CARICOM). Por otra parte, en el norte del hemisferio, el ALCA seguía presente, y manteniendo como referencia la estructura del NAFTA, daba lugar a un Acuerdo de Libre Comercio entre EE.UU. y Centroamérica, al que se sumó la República Dominicana en 2007, derivando en el *CAFTA-DR* (por sus siglas en inglés), junto con avances en acuerdos bilaterales entre EE.UU. y algunos países andinos.

El eje inicial de la conformación de la CSN estaba asociado a la articulación de un acuerdo de libre comercio entre la CAN y el MERCOSUR, pero también se vinculó con algunas otras dimensiones relevantes, como la constitución de una zona de paz en América del Sur, y el desarrollo de una infraestructura vial y comunicacional. Su objetivo central era "impulsar la concertación y coordinación política y diplomática", y "desarrollar un espacio sudamericano integrado en lo político, social, económico, ambiental y de infraestructura", que le otorgase a la región "una mayor gravitación y representación en los foros internacionales",[79] desplazando progresivamente la prioridad de los temas comerciales en la agenda regional.

Pero más allá de esta progresiva tendencia a la decantación entre dos iniciativas y entre dos paradigmas de integración diferenciados –el ALCA y la CSN–, la Cumbre de las Américas realizada en Mar del Plata en noviembre del 2004 marcó una creciente polarización entre los alineamientos regionales a favor del ALCA y a favor del

---

[77]   Serbin, Andrés (2003), *op. cit.*

[78]   Gudynas, Eduardo (2006), "Comunidad Sudamericana de Naciones", en *Revista del Sur,* núm. 168, 11-12/2006.

[79]   Declaración de Cusco, Perú, 7 de diciembre de 2004. Texto oficial disponible en línea: www.comunidadandina.org.

MERCOSUR. Asimismo, marca el inicio de una nueva relación entre movimientos sociales y gobiernos de izquierda
frente a los dilemas de la integración; e inicia, en el caso
de los primeros, un progresivo desplazamiento desde las
posturas anti-ALCA promovidas en años anteriores hacia
el desarrollo de propuestas alternativas de integración,[80]
sintetizadas en el lema "otra integración es posible".

En este contexto, la fragmentación continental se hizo
cada vez más patente, en función del desarrollo de tres paradigmas de integración que, como bien señala un analista,
plantearon un rediseño de la región en un nuevo marco
geopolítico.[81] Mientras que el ALCA se planteaba originalmente como un gran proyecto de integración hemisférica
a través del libre comercio bajo la hegemonía de EE.UU.,
progresivamente derivó de gran diseño hemisférico en una
sucesión de acuerdos bilaterales.

Por otra parte, el MERCOSUR, nacido originariamente
de los acuerdos de seguridad entre Brasil y Argentina, como
acuerdo comercial adoleció de graves deficiencias en su
desarrollo institucional, en la resolución de sus conflictos
internos, en el cumplimiento de los compromisos de sus
socios, y en la persistencia de marcadas asimetrías entre
ellos. Básicamente impulsado por los gobiernos, se apoyó en
el compromiso de sectores empresariales. La creación del
MERCOSUR benefició, en su primera fase, principalmente
a las grandes corporaciones transnacionales instaladas en

---

[80]   Ver, por ejemplo, entre otros materiales, Dello Buono, Richard A. (editor)
       (2006), *Diálogo Sudamericano: otra integración es posible*, Consejería en
       Proyectos, Lima; el documento "Otra integración es posible", aprobado
       por un conjunto de organizaciones y movimientos sociales durante el
       Foro Social de las Américas realizado en Caracas en enero del 2006,
       y Serbin, Andrés (2008), "El gran ausente: ciudadanía e integración
       regional", en Altmann, Josette y Rojas Aravena, Francisco (editores)
       (2008), *op. cit.*, pp. 223-224.
[81]   Katz, Claudio (2006), *El rediseño de América Latina. ALCA, MERCOSUR
       y ALBA*, Buenos Aires, Ediciones Luxembourg.

Brasil y Argentina, y progresivamente, a los intereses de algunos sectores empresariales de estos dos países.[82] Sin embargo, el MERCOSUR no tuvo la aspiración hemisférica del ALCA, constituyendo fundamentalmente un acuerdo subregional, que comienza a potenciarse a nivel sudamericano con la creación de la CSN.

En este sentido, sobre la base de sumar a la Comunidad Andina de Naciones (CAN) en el 2004, dio lugar a la creación de una CSN, posteriormente rebautizada como Unión de Naciones Suramericanas (UNASUR). El espacio sudamericano que promovió la CSN apuntaba a impulsar la coordinación política y diplomática como así también la profundización de la convergencia entre MERCOSUR, la CAN y Chile. Por otra parte, el programa de acción[83] de la CSN, surgido de la Cumbre de Brasilia de septiembre del 2005, planteaba, además de los vínculos institucionales entre el MERCOSUR y la CAN, temas de infraestructura en transporte, energía y comunicaciones, y asomaba la iniciativa de creación de una red de gasoductos del Sur.

Sin embargo, la creación de la CSN, y en particular su cumbre fundacional en Brasilia, marcaron una divergencia en los marcos ideológicos de los mandatarios sudamericanos, entre una línea que "suponía que en función de potenciar la capacidad de negociación externa o el desarrollo socioeconómico todo es posible, y la visión más asociada con un enfoque comercialista de la integración."[84] En los hechos, se hicieron evidentes, en el plano político, las divergencias entre Brasil y Venezuela, particularmente a raíz

---

[82]   Katz, Claudio (2006), op. cit., pp. 36-37.
[83]   Texto oficial del Programa de Acción disponible en línea: www.comunidadandina.org.
[84]   Mellado, Noemí (2006), "Desafíos que plantea la Comunidad Sudamericana de Naciones. Entre transformaciones y continuidades", en *Aportes para la Integración Latinoamericana*, año XII, núm. 14, 7/2006, pp. 80-81.

de la crítica referencia de Chávez a los procesos de CAN
y MERCOSUR, como "experiencias neoliberales", y se comenzaron a definir dos liderazgos regionales[85] conceptual,
política e ideológicamente contrapuestos. Para Brasil, el
MERCOSUR, y por extensión la CSN, se constituyeron
en un instrumento fundamental para lograr una mejor
negociación con otros bloques económico-comerciales y
para asumir su rol de actor global, utilizando como base
un incipiente liderazgo regional.[86]

Por otra parte, la aún pendiente incorporación de
Venezuela al MERCOSUR como quinto socio pleno, y su
posterior desincorporación de la CAN,[87] junto con la promoción del ALBA, no contribuyeron a una mayor unidad de
la región sudamericana, sino a una nueva fragmentación.

En suma, más allá de sus contenidos y prioridades, el
contrapunto entre las concepciones del ALCA, de UNASUR
y del ALBA, abrió el debate sobre la posibilidad de nuevos
enfoques regionalistas, más politizados y multidimensiona-
les, y con mayor énfasis en la integración social y la equidad

---

[85]   Hemos analizado más en detalle estos liderazgos regionales y el de
        México en el marco del vacío geopolítico creado por la priorización
        de otras áreas por parte de la política exterior de EE.UU., en Serbin,
        Andrés (2008), "Tres liderazgos y un vacío: América Latina y la nueva
        encrucijada regional", en Mesa, Manuela (coord.) (2008), *Escenarios de
        crisis: Fracturas y pugnas en el sistema internacional*, Madrid, Fundación
        Cultura de Paz / Editorial Icaria, pp. 141-157.

[86]   Como señala Segrelles Serrano, "Para Brasil, dado que posee una industria
        notable y diversificada y la economía con mayor proyección internacional
        en la región, encontrar un lugar en el mundo supone una negociación
        dónde la fuerza relativa es decisiva. De ahí su apuesta categórica por la
        integración [...], siempre con el objetivo último de promover su inserción
        internacional como potencia de tipo medio y de asumir una posición de
        liderazgo económico y político en América Latina." Segrelles Serrano,
        José Antonio (2006), "Los recientes procesos de integración regional de
        América del Sur: ALCA, ALBA y CSN", en *Aportes para la Integración
        Latinoamericana*, Año XII, núm. 14, 7/2006, p. 115.

[87]   Así como también del Grupo de los Tres, un acuerdo de libre comercio
        entre Venezuela, Colombia y México.

entre Estados, relevantes no sólo para las Américas sino también para otras regiones del mundo.[88]

La UNASUR

Como señaló en su momento la ex presidenta chilena Michelle Bachelet, la UNASUR constituye "un poderoso instrumento de integración" que apunta a crear un nuevo mecanismo de coordinación política entre los países de América del Sur, en torno a cuestiones de infraestructura, finanzas, políticas sociales, energía y defensa. Sin embargo, aún carece de una estructura funcional instalada y confronta numerosas tensiones entre sus miembros.

El mecanismo de traspaso de la presidencia pro témpore del organismo de Chile a Ecuador en la III Cumbre en Quito, no contribuyó a despejar las incertidumbres acerca de la posibilidad de que esta estructura se consolide a corto plazo; las reticencias de Colombia a incorporarse a un esquema, y en especial, a algunos acuerdos de seguridad como el Consejo de Defensa Sudamericano, que pudieran amenazar sus vínculos con EE.UU., constituyeron otro factor relevante que cuestionó la unidad sudamericana propuesta, particularmente reforzada por la crisis desatada con Ecuador en marzo de 2008, y por la instalación de bases militares estadounidenses en su territorio. El conflicto por las papeleras agudizó las diferencias entre Uruguay y Argentina, y la tensión permanente entre las aspiraciones de liderazgo de Brasil y de Venezuela dificultaron la articulación de diversas iniciativas específicas, particularmente

---

[88]   Fritz, Thomas (2007), *ALBA contra ALCA. La Alternativa Bolivariana para las Américas: una nueva vía para la integración regional en Latinoamérica*, Centro de Investigación y Documentación Chile Latinoamérica (FDCL), Berlín, abril de 2007.

en torno a sus concepciones contrastantes sobre si los "núcleos duros" de este nuevo esquema iban a referir a los modelos de MERCOSUR o del ALBA, respectivamente.[89]

La constitución oficial de la UNASUR[90] en Brasilia, en mayo de 2008, incluyó la definición de algunos elementos de su estructura institucional: una Secretaría General en Quito, un Parlamento Sudamericano en Cochabamba, planes para crear un Banco Central regional y una moneda única, un pasaporte regional y la propuesta de creación del Consejo Sudamericano de Defensa.[91] Sin embargo, también puso en evidencia las reticencias, tensiones y dificultades políticas que enfrentaba el establecimiento de esta estructura. El caso más paradigmático giró en torno a la designación de la persona que se haría cargo de la Secretaría General después de la renuncia del ex presidente ecuatoriano Rodrigo Borja, y la resistencia –finalmente superada después de un

---

[89]   Serbin, Andrés (2007), "Entre UNASUR y ALBA: ¿otra integración (ciudadana) es posible?", en Mesa, Manuela (coord.) (2007), *Paz y conflictos en el siglo XXI: tendencias globales*, Madrid, Fundación Cultura de Paz / Editorial Icaria, pp. 183-207.

[90]   "La Unión de Naciones Sudamericanas tiene como objetivo construir, de manera participativa y consensuada, un espacio de integración y unión en lo cultural, social, económico y político entre sus pueblos, otorgando prioridad al diálogo político, las políticas sociales, la educación, la energía, la infraestructura, el financiamiento y el medio ambiente, entre otros, con miras a eliminar la desigualdad socioeconómica, lograr la inclusión social y la participación ciudadana, fortalecer la democracia y reducir las asimetrías en el marco del fortalecimiento de la soberanía y la independencia de los Estados", Art. 2, Tratado Constitutivo de la Unión de Naciones Sudamericanas. Disponible en línea: www.comunidadandina.org/unasur/tratado_constitutivo.htm.

[91]   Los órganos que rigen la UNASUR son el Consejo de Jefas y Jefes de Estado y de Gobierno; el Consejo de Ministras y Ministros de Relaciones Exteriores; el Consejo de Delegadas y Delegados, y la Secretaría General. La presidencia del organismo se ejerce pro témpore sucesivamente por cada uno de los Estados miembros, en orden alfabético, y la Secretaría General es la encargada de ejecutar los mandatos que le confieren los órganos de la UNASUR y de ejercer su representación

largo *impasse–* por parte de Uruguay a que la ocupara el ex presidente argentino Néstor Kirchner.

Si bien UNASUR es, en gran medida, el resultado de un diseño geopolítico brasileño,[92] acuna en su seno una evidente pugna entre las visiones brasileña y venezolana en torno a la concepción del espacio sudamericano y a las estrategias y objetivos que debe perseguir. En este marco, se ha evitado cuidadosamente enfatizar la integración económica y los acuerdos comerciales como objetivos principales, y se ha optado por una agenda multidimensional de temas, ya mencionados, que le confieren un carácter eminentemente político a su proceso de construcción.

El ALBA

El ALBA,[93] concebida básicamente para contrarrestar la hegemonía de EE.UU. y como proyecto contrapuesto al

---

[92]   Sanahuja, José Antonio (2010), "La construcción de una región: Suda-
      mérica y el regionalismo posliberal", en Cienfuegos, Manuel y Sanhauja,
      José Antonio (editores) (2010), *Una región en construcción. UNASUR y
      la integración en América del Sur,* Barcelona, Fundación CIDOB, p. 102.
[93]   El ALBA comienza a materializarse a partir de la previa firma del tra-
      tado de cooperación entre Cuba y Venezuela en 2004, con la firma del
      "Tratado de Comercio entre los Pueblos" (TCP) entre estos dos países
      y Bolivia, en abril del 2006. Posteriormente, el presidente de Nicaragua
      Daniel Ortega, suma a este país al ALBA en enero de 2007, y el reciente-
      mente electo presidente de Ecuador Rafael Correa expresa asimismo su
      intención de adherirse. Además, se suman progresivamente los Estados
      insulares caribeños de St. Kitts y Nevis, St. Vincent y Dominica. El 28
      de abril de 2007, como parte de la declaración final de la Cumbre de
      Jefes de Estado y de Gobierno del ALBA y del Tratado de Comercio de
      los Pueblos (ALBA-TCP), se estableció el Consejo de Presidentes del
      ALBA, como una estructura permanente del organismo que incluye
      una secretaría y un Consejo de Movimientos Sociales. Posteriormente
      se incorporaron a este esquema Ecuador y Honduras. Este último país,
      sin embargo, se retiró del organismo por una decisión del gobierno de
      facto que depuso al presidente Zelaya en junio de 2009.

ALCA, tiene su epicentro en Venezuela, en las iniciativas del presidente Chávez, y en los recursos petroleros de este país. En el marco de la integración regional, introduce nuevas variables conceptuales de fuerte contenido ideológico, sobre la idea del intercambio solidario basado en ventajas complementarias, y se basa en gran parte en la integración y cooperación energética (a través del impulso de mecanismos como el Gasoducto del Sur, Petrocaribe y Petroamérica), y en la integración financiera a través de la creación del Banco del Sur. A estas iniciativas cabe agregar la integración comunicacional a través de TeleSur y el impulso a una "diplomacia de los pueblos" que apunta a consolidar un apoyo social a este proyecto a través de la convocatoria de movimientos sociales y políticos de diversos países de la región.

Este conjunto de iniciativas, sin embargo, no puede disociarse de una visión predominantemente geoestratégica, política e ideológica del presidente Chávez, en su afán de contrarrestar la hegemonía estadounidense promoviendo una integración regional en el ámbito sudamericano y caribeño, y una serie de alianzas estratégicas regionales y globales que consoliden la conformación de un mundo multipolar que acote y enfrente esta hegemonía.[94] En este marco, el instrumento privilegiado de política exterior es la utilización de los recursos petroleros.[95]

---

[94]   Ver al respecto Romero, Carlos A (2006), *Jugando con el globo. La política exterior de Hugo Chávez*, Caracas, Ediciones B; Schifter, Michael (2007), "Hugo Chávez. Un desafío para la política exterior de los EE.UU.", en *Informe Especial del Diálogo Interamericano*, Washington DC, marzo de 2007. Ver también el análisis de la "sudamericanización" de la política exterior de Venezuela en Serbin, Andrés (2010), "Venezuela: el escenario regional como (un deseo de un) único escenario", en Tussie, Diana y Trucco, Pablo (eds.) (2010), *Nación y Región en América del Sur*, Buenos Aires, Teseo / LATn / FLACSO, pp. 447-542.

[95]   Altmann Borbón, Josette (2006), "Integración en América Latina: Crisis de los modelos regionales y ausencia de certidumbres", en Rojas Aravena, Francisco y Solís, Luis Guillermo (coord.) (2006), *La integración*

Como señala Carlos Oliva,[96] de hecho, "el ALBA se construye en la práctica", como un modelo novedoso de integración, con un nuevo formato que privilegia la cooperación, la solidaridad y las ventajas complementarias, sobre la base de una serie de criterios claramente diferenciados de los del ALCA, y eventualmente, de MERCOSUR y de UNASUR.

Como hemos visto, el eje protagónico de esta propuesta reside en las iniciativas presidenciales y en la actuación de las élites políticas, es decir, en iniciativas gubernamentales fundamentalmente asociadas con la nacionalización de los recursos y el desarrollo de empresas estatales e interestatales, claramente visible en los casos de Venezuela y de Bolivia.

La UNASUR y el ALBA: contrastes y diferencias

En este contexto, se evidencian marcadas diferencias entre el proyecto de UNASUR y el del ALBA. En el marco de las limitaciones de este artículo analicemos algunas de las que aparecen como más relevantes.

En primer lugar, es evidente que surge una diferenciación conceptual e ideológica muy clara. Para MERCOSUR, y por extensión, por lo menos en sus orígenes, para la CSN / UNASUR, los principios de la liberalización económica y la economía de mercado no están en cuestión, en tanto uno de sus objetivos relevantes sigue asociado con la potenciación

---

latinoamericana. Visiones regionales y subregionales, San José de Costa Rica, Juricentro / Obreal / FLACSO, pp. 314-315.

[96] Oliva, Carlos (2007), "El ALBA y la CSN: entre la concertación y la confrontación. Algunos apuntes para el debate". Ponencia presentada en el seminario regional Paradigmas de la integración en América Latina y el Caribe, Santo Domingo, CRIES / Fundación Friederich Ebert, 20 de abril de 2007.

de la capacidad regional de insertarse más ventajosamente en la economía internacional, más allá del tono diluido con que la integración económica pueda aparecer en los documentos fundacionales de la UNASUR. La llegada de gobiernos progresistas y de centro-izquierda en algunos de los países miembros no ha puesto frontalmente en cuestión estos principios, pero sí ha enfatizado, en muchos casos, un rol más activo del Estado frente al mercado y al impacto de la globalización económica, frecuentemente en el marco de una crítica explícita o implícita a las concepciones neo-liberales. El planteamiento del ALBA, en cambio, apunta a enfatizar tres principios muy claros: "1. Oposición a las reformas de libre mercado. 2. No limitar la acción regulado-ra del Estado en beneficio de la liberalización económica. 3. Armonizar la relación Estado-Mercado."[97] Esto último principalmente a favor de las empresas estatales y de las microiniciativas empresariales.

En suma, mientras que en el ámbito sudamericano en general persiste una visión positiva de un rol equilibrado entre las funciones del Estado y del mercado, con una mayor presencia y capacidad de incidencia del primero, sin cuestionar la dinámica capitalista global, en el caso del ALBA, el Estado asume un papel protagónico.[98] Ambas concepciones dan lugar a visiones diferenciadas no sólo de la integración regional y de sus alcances sino también de su inserción en la escena internacional, tanto en términos de prioridades como de agendas. Sin embargo, adicionalmente parecen coincidir en una visión subordinada de la sociedad frente al Estado, ya sea porque éste se abroga el derecho de conducir el proceso político y social o porque representa, a través de la existencia de mecanismos democráticos, el interés de los distintos sectores de esta sociedad. Por otra

---

[97]   Altmann Borbón, Josette (2006), *op. cit.*, p. 313.
[98]   Ver Serbin, Andrés (2010), *op. cit.*, pp. 447-542.

parte, es evidente, en este contexto, que para algunos de los países miembros de MERCOSUR y de UNASUR, y en particular para Brasil, las posiciones antiestadounidenses promovidas por el ALBA no contribuyen a establecer una relación equilibrada con EE.UU. ni propician una inserción más ventajosa en el sistema internacional.

En segundo lugar, desde el punto de vista geopolítico, es evidente que ponen en conflicto visiones hegemónicas e intereses nacionales diferenciados, entre las aspiraciones de liderazgo de Brasil y las de Venezuela. El liderazgo regional de Brasil y su rol como actor global[99] pasan por el desarrollo de una buena relación con EE.UU.,[100] y a la vez, por la consolidación de una mayor influencia regional, en el marco de un "liderazgo benigno". Su potencial liderazgo regional valida y consolida su posición internacional. En contraposición, en la percepción de Chávez, EE.UU., la globalización y el sistema internacional en su actual arquitectura aparecen como amenazas a sus intereses estratégicos,[101] pese a la evidente contradicción con el hecho de que EE.UU. sigue constituyendo el principal mer-

---

[99]   Epsteyn, Juan Claudio (2010), "Brasil: el escenario regional como complemento al escenario global", en Tussie, Diana y Trucco, Pablo (editores) (2010), *op. cit.*, pp. 109-202.

[100] Baste mencionar las dos visitas de George W. Bush a Brasil en los tres últimos años de su mandato, los reiterados contactos del Lula con Obama y la reciente firma, en abril de 2010, de acuerdo bilateral de defensa entre Brasil y EE.UU., para ilustrar el grado de interlocución entre Brasilia y Washington en el ámbito hemisférico, en comparación con las menos relevantes relaciones de otros países de Sudamérica.

[101] Como señala un análisis reciente: "La relación con el régimen venezolano es (más) complicada porque incorpora elementos contradictorios del interés nacional brasileño. La presencia de Venezuela en MERCOSUR ofrece grandes atractivos comerciales. Al mismo tiempo, introduce un factor de discordia al grupo en la medida que el presidente Chávez pretende convertirlo en una plataforma para promover su política internacional. El carácter autoritario y estatizante de la Revolución Bolivariana resulta inaceptable para amplios sectores de la coalición gubernamental, el sector empresarial y la sociedad civil de Brasil". Botero

cado para los hidrocarburos venezolanos. En suma, como hemos analizado en otra parte,[102] la creación de UNASUR y del ALBA reflejan liderazgos y proyectos diferenciados entre Brasil y Venezuela, y una clara fractura en la actual etapa de integración de la región y en el seno mismo de UNASUR, en donde los planteamientos más radicales de Chávez son asimilados y digeridos en función de los intereses brasileños.[103] Ilustraciones cabales de esta situación se dan tanto por la progresiva dilución del proyecto del Gasoducto del Sur propuesto por Chávez, sustituido por una red de distribución naviera que beneficia a esta industria brasileña y a su estructura portuaria; por las reticencias de Brasil frente a la propuesta de la creación del Banco del Sur y su gradual desplazamiento por las actividades del BNDES; o por la rápida reformulación, por parte de Brasilia, de la propuesta de Chávez de crear una Organización del Atlántico Sur (OTAS) y una fuerza militar sudamericana, con la creación del Consejo Sudamericano de Defensa.

Es evidente, a partir de este somero relevamiento de algunos de los puntos de tensión y de diferenciación, que pese a que el ALBA pueda ser percibida como "el núcleo duro de la integración latinoamericana" por Chávez, y de que "ambos procesos marchan de forma paralela pero coordinada",[104] existen marcadas diferencias conceptuales, ideológicas, de liderazgo y de vinculación externa.

Montoya, Rodrigo (2007), "La agenda latinoamericana de Brasil", en *El Colombiano*, 1 de marzo de 2007.

[102]   Serbin, Andrés (2007), *op. cit.*

[103]   Sanahuja, José Antonio, "Estrategias regionalistas en un mundo en cambio: América Latina y la integración regional", en Del Arenal, Celestino y Sanahuja, José Antonio (coords.), *op. cit.*

[104]   Declaraciones del viceministro de Relaciones Exteriores de la República Bolivariana de Venezuela Rodolfo Sanz. Disponible en línea: www.mci.gob.ve.

Los nuevos temas de la agenda sudamericana en el marco del regionalismo posliberal

Además de un creciente énfasis en la agenda social, la nueva agenda regional incorpora una serie de temas nuevos. Estos temas se destacan en todos los documentos, desde la CSN a la UNASUR, y remiten tanto al desarrollo de una infraestructura vial y de comunicaciones que incluye de manera destacada la Iniciativa para la Integración de la Infraestructura Regional de Sudamérica (IIRSA), como a la cooperación en energía y en finanzas, en temas de medio ambiente y de seguridad y defensa, en el marco general de una politización significativa de esta agenda. Obviamente, existen otras áreas de cooperación, como la cooperación Sur-Sur, la coordinación de políticas de salud pública, y el diseño de políticas coordinadas de seguridad alimentaria, entre otros. Pero dados los límites del presente trabajo, sólo abordaremos aquellos temas que se destacan de manera especial como ejes del regionalismo posliberal.

En este sentido, en relación con el tema de las asimetrías en el ámbito sudamericano, existe, en primer lugar, una ausencia de un diagnóstico sobre su impacto en las dificultades de concretar un proceso de convergencia hacia un desarrollo económico y social más equilibrado, por la falta de estudios sobre las asimetrías en los sistemas de integración sudamericanos.[105] Las pocas iniciativas existentes se ven socavadas por la falta de concreción de objetivos a alcanzar y de medidas a adoptar, el incumplimiento de las reglas pactadas y la carencia de recursos suficientes para abordar las políticas nacionales y regionales necesarias.[106]

---

[105] Ayuso, Anna (2010), "Integración con equidad: instrumentos para el tratamiento de las asimetrías en América del Sur", en Cienfuegos, Manuel y Sanahuja, José Antonio (editores) (2010), *op. cit.*, p. 171.

[106] *Ibíd.*, p. 172.

Paradójicamente, sin embargo, más allá de las referencias permanentes a abordar este tema en la documentación en la CSN y la UNASUR, en años recientes, en el marco del ALBA, ha tendido a ocupar un plano destacado y a desplazar la tradicional retórica antiestadounidense y anti-ALCA, en un mensaje claro a muchos de los países miembros de este organismo, particularmente afectados en su relación asimétricas con países más grandes de la región.

América Latina alberga considerables recursos energéticos, en un mundo con una creciente sed de energía.[107] Sin embargo, en lo que se refiere a la integración energética en América del Sur, la mayoría de los analistas coincide en que en la región "tiende a prevalecer una visión de la integración energética poco amplia, muchas veces restringida y encapsulada en las categorías del pensamiento neorrealista",[108] es decir, en una reiteración del discurso de la soberanía y el interés nacional, con lo cual se convierte no sólo en un potencial factor de fragmentación regional, sino también en un potencial factor de conflictos entre los Estados y en el seno de los mismos. De hecho, si bien existe una alta complementariedad energética entre los países de la región, la integración existente es muy baja.[109] Bodemer señala que en este plano, como en el de la integración regional, se ha acentuado una dinámica de fragmentación, de pérdida de institucionalidad y de retorno a prácticas unilaterales. La

---

[107] Olivier Girot, Pascal, "Recursos naturales, medio ambiente y diversidad: la contribución, las responsabilidades y las demandas de América Latina", en Del Arenal, Celestino y Sanahuja, José Antonio (coords.), *op. cit.*, p. 316.

[108] Bodemer, Klaus (2010), "Integración energética en América del Sur: ¿eje de integración o fragmentación?", en Cienfuegos, Manuel y Sanhauja, José Antonio (editores), *op. cit.*, p. 200.

[109] Sennes, Ricardo y Pedroti, Paula (2008), "Entre la geopolítica y la geoeconomía: la energía en las relaciones latinoamericanas", en Lagos, Ricardo (comp.), *América Latina: ¿integración o fragmentación?*, Buenos Aires, Edhasa, p. 529.

utilización del petróleo como un instrumento geopolítico por parte de Venezuela es un claro ejemplo, pero a este cuadro no escapa Brasil. De hecho, pese a la apertura a los mercados iniciada en la década de 1990, se ha mantenido en algunos países un fuerte nacionalismo energético.[110] Adicionalmente, en el ámbito político, la importancia de las empresas estatales se hizo sentir no sólo por el hecho de financiar políticas públicas no relacionadas a la temática energética, sino también por su peso como instrumentos de política exterior, como lo ilustra cabalmente el caso de Petróleos de Venezuela (PDVSA) en Venezuela. Por otra parte, dado que el tema despierta sensibilidades políticas muy altas, es difícil prever que una empresa estatal promueva efectivamente un régimen latinoamericano de energía o ayude a impulsar un proceso de integración, que implique cesiones en el control de estos recursos o en la soberanía nacional que esto conlleva.[111] El interrogante clave frente a la evolución de una política de cooperación energética en América del Sur tiene que ver, fundamentalmente, con un diseño que asuma una estrategia de integración energética, ya sea como "alianza defensiva o concebida ofensivamente al estilo de la OPEP, o un régimen concertado para construir complementación y beneficios mutuos."[112]

Por otra parte, la Iniciativa para la Integración de la Infraestructura Regional de Sudamérica (IIRSA), un megaproyecto que apunta a la creación de una infraestructura regional iniciado en el marco de la CSN y continuado en

---

[110] Como señalan los mismo autores, "la tendencia al nacionalismo ha tenido tres efectos perversos: 1) la inclinación hacia la construcción de modelos energéticos poco eficientes; 2) la definición de estrategias que, en forma paradójica, resultan vulnerables a las variaciones del contexto internacional o regional; 3) la acción contraria a la integración regional, con la probable excepción de Petrobrás", *Ibíd.*, pp. 545 y 556.

[111] *Ibíd.*, p. 560.

[112] Cardoso, Elsa (2006), *Integración energética y gobernabilidad en la región andina*, Caracas, Ildis, p. 13.

el de UNASUR, y financiado por el Banco Interamericano de Desarrollo (BID), la Corporación Andina de Fomento (CAF), Fondo Financiero para el Desarrollo de la Cuenca del Plata (Fonplata) y el Banco de Desarrollo de Brasil (BNDES) de Brasil,[113] ha tendido, por un lado, a la subestimación de los costos de los proyectos, con lo cual de los 31 proyectos consensuados para el periodo 2005-2010, sólo se han puesto en ejecución diez y sólo uno de ellos se ha finalizado (el puente sobre el río Arce entre Perú y Brasil).[114] Uno de los principales desafíos es la necesidad de probar que los países tienen la capacidad necesaria para coordinar sus esfuerzos, y sobre todo, aumentar y destinar recursos a este megaemprendimiento. En el plano político, Brasil es el país que pone más esfuerzos en el desarrollo del IIRSA, mientras que Venezuela es el país menos comprometido. Brasil es el destinatario de la principal obra en ejecución en relación con el eje MERCOSUR-Chile, pero además "interviene como miembro directo o indirecto en seis de los nueve proyectos de interconexión vial en ejecución, con un tercio de la inversión aplicada en su territorio y una participación total en obras que ocupan casi las nueve décimas partes del total de dicha inversión", con el BNDES como financista principal de algunos de ellos, y con la participación de varias empresas constructoras brasileñas.[115] De hecho, detrás de la IIRSA, los mayores beneficiarios son las grandes empresas transnacionales productoras de *commodities* y las empresas brasileñas dedicadas a la construcción, la prestación de servicios o la producción de bienes primarios. En este marco, más que beneficiar colectivamente a un proyecto regional sudamericano, la

---

[113]   Sennes, Ricardo y Pedroti, Paula (2008), *op. cit.*, p. 559.

[114]   Nerys Fernández, Wilson (2010), "La integración física y la viabilidad del IIRSA", en Cienfuegos, Manuel y Sanahuja, José Antonio (editores) (2010), *op. cit.*, pp. 224 y 235.

[115]   *Ibíd.*, p. 237.

IIRSA parece beneficiar fundamentalmente a la economía brasileña.[116]

En el área de la cooperación financiera, el Banco del Sur ha despertado grandes expectativas en la región y ha sido incorporado como uno de los temas relevantes en la constitución de la UNASUR, aunque no existe aún una relación institucional entre ambos organismos.[117] El Banco del Sur debería complementar las capacidades financieras de las instituciones existentes, como el BID y la CAF, de comprobada eficiencia. Pero a la vez, por iniciativa venezolana, pone en cuestión, desde una perspectiva ideológica, toda relación con instituciones multilaterales como el Banco Mundial y el Fondo Monetario Internacional (FMI), en tanto los asocia con las reformas promovidas en el marco del Consenso de Washington y de una visión neoliberal, y a un proyecto promovido esencialmente por EE.UU.[118] Paradójicamente, este cuestionamiento venezolano no se conjuga con una propuesta técnica claramente diseñada, más allá de que las reservas del Banco del Sur sirvan para la introducción de una moneda regional. En el marco de UNASUR, esta posibilidad es resistida por el resto de los países, poco "dispuestos a emprender un proceso de mínima unidad política para tomar decisiones comunes para una moneda única."[119] Nuevamente, en esta área se interpone la noción de soberanía nacional.

---

[116]   *Ibíd.*, p. 239.

[117]   Bacaria Colom, Jordi (2010), "Fines integracionistas y posibilidades financieras del Banco del Sur", en Cienfuegos, Manuel y Sanahuja, José Antonio (editores), *op. cit.*, p. 268.

[118]   Vivares, Ernesto (2010), "The Changing Regional Governance of Financing Development: the Southern Bank", Trabajo presentado en el seminario "El regionalismo en América del Sur: ¿globalizando desde el Sur o continuación de la política nacional por otros medios?", Buenos Aires, FLACSO, 29 de junio de 2010.

[119]   Bacaria Colom, Jordi (2010), *op. cit.*, p. 268.

En el área de medio ambiente, pese a los reiterados llamados a la necesidad de prepararse para los efectos del cambio climático, los avances son limitados. Los vastos recursos naturales y energéticos de la región atraen el interés tanto de actores internos como externos. Sin embargo, la nueva geopolítica de la energía en América Latina está reactivando la frontera de recursos energéticos y mineros "bajo una nueva versión del nacionalismo energético, a menudo definido en detrimento del ambiente."[120] Mientras que la presión sobre los recursos se ha incrementado, las estrategias de desarrollo que se impulsan tienen en general una relación adversa con el medio ambiente. Consecuentemente, enfrentar la amenaza del cambio climático requiere de un cambio de las políticas de desarrollo. Sin embargo, gran parte de las iniciativas impulsadas en el marco de la nueva fase de integración sudamericana colisionan con la preservación del medio ambiente y de los recursos naturales, como lo evidencian tanto las críticas ambientalistas al IIRSA como, en su momento, al Gasoducto del Sur.[121] En este marco, está por verse la capacidad de coordinación de políticas regionales en defensa de estos bienes públicos en el futuro, en tanto persisten los lineamientos de las decisiones a nivel de los Estados, en una nueva reafirmación de la soberanía nacional.

Finalmente, el área de cooperación más exitosa sigue siendo la de la seguridad regional, especialmente en lo que se refiere al mantenimiento de la estabilidad y de la paz regional, y a la resolución pacífica de conflictos. En este marco, la constitución del Consejo Sudamericano de Defensa (CSD), planteada como propuesta por el Presidente de Brasil, Luiz Inácio Lula da Silva, en mayo de 2008, parece resumir muchos de los planteamientos del legado

---

[120]   Pascal Girot, *op. cit.,* p. 308.
[121]   Fritz, Thomas (2007), *op. cit.*

acumulado, particularmente cristalizados en la propuesta de convertir a América del Sur en una zona de paz. En este contexto, el Consejo Sudamericano de Defensa se estructura en base a algunos ejes fundamentales –en especial, la integración de las industrias de defensa y el intercambio técnico y académico en esta área– orientados a promover la formación de una identidad sudamericana en cuestiones de defensa.[122]

Esta propuesta, sin embargo, no puede desvincularse de varios elementos relevantes para la estrategia brasileña. En primer lugar, porque permite definir un espacio específicamente sudamericano para los temas de defensa, que excluye a EE.UU., con lo cual a la vez de marcar distancia con la presencia hegemónica de este país, abre las puertas para el impulso de una estrategia brasileña a nivel global. De hecho, potencia la capacidad de Brasil de desempeñar un rol como actor global, amén de que la apuesta por un sistema de seguridad colectivo le confiere un rol protagónico tanto en términos de liderazgo como de principal proveedor de la región.[123]

En segundo lugar, porque "regionaliza" y "sudamericaniza", como señala Sanahuja,[124] la propuesta de Chávez de crear una Organización del Tratado del Atlántico Sur (OTAS) y de conformar una alianza militar en el seno del

---

[122]   Rodrigues, Gilberto y Rodrigues, Thiago (2010), "A União das Nações Sul-Americanas (Unasul) e os novos temas da agenda regional de paz e segurança: papéis e mecanismos de participação da sociedade civil", Trabajo presentado en el seminario "Multilateralismo, sociedad civil y prevención de conflictos", Buenos Aires, CRIES / CARI, 27 y 28 de julio de 2010.

[123]   Serbin, Andrés (2010), "*OEA y UNASUR. Seguridad regional y sociedad civil en América Latina*", *Documentos CRIES*, núm. 14, Buenos Aires, CRIES, p. 37.

[124]   Sanahuja, José Antonio (2010), "La construcción de una región: Sudamérica y el regionalismo posliberal", en Cienfuegos, Manuel y Sanahuja, José Antonio (editores), *op. cit.*, p. 112.

ALBA. En este sentido, es particularmente relevante que el CSD no sólo busca consolidar América del Sur como una zona de paz, construir una "identidad" sudamericana en materia de defensa y generar consensos para fortalecer la cooperación regional en los temas de defensa, sino también impulsar la subordinación de los militares a la autoridad civil y promover la defensa soberana de los recursos naturales.[125]

En tercer lugar, porque el CSD, además de configurar "un novedoso espacio político e institucional para el diálogo político y la cooperación regional en seguridad",[126] hace un guiño al más reticente de los países sudamericanos ante la iniciativa –Colombia–, al reconocer la importancia de las nuevas amenazas a la seguridad y al rechazar la existencia o la acción de grupos armados fuera de la ley.[127]

Sin embargo, la dificultad en la construcción de consensos regionales en torno a los temas de defensa evidencia una vez más la complejidad del desafío de articular visiones políticas y estratégicas diferenciadas. Como señala un análisis reciente en una región como la sudamericana, con un proceso de integración en su fase de inicio y con niveles incipientes de articulación jurídico-institucional, proponerse la construcción de consensos en temas de defensa puede ser una pretensión difícil de ser concretada.[128]

---

[125]   *Ibíd.*, p. 114.

[126]   Costa Vaz, Alcides y Jácome, Francine (2009), "El Consejo de Defensa Sudamericano: Retos para la cooperación en seguridad y defensa en Sudamérica", en *Policy Paper FES.*, núm. 26, Programa de Cooperación en Seguridad Regional, FES, febrero de 2009, p. 5.

[127]   Paradójicamente, en agosto de 2009, Colombia generó la primera crisis que tuvieron que enfrentar la UNASUR, y el CSD, ante el acuerdo establecido para instalar personal estadounidense en bases ubicadas en territorio colombiano.

[128]   Rodrigues, Gilberto y Rodrigues, Thiago, *op. cit.*

Un balance preliminar del regionalismo posliberal en América Latina

Ambas iniciativas regionales –la UNASUR y el ALBA–, en la actual etapa de regionalismo posliberal, se caracterizan por un recurrente nacionalismo y por la recuperación, explícita o implícita, de la soberanía nacional como principio rector de las relaciones internacionales. Esto se expresa muy claramente en la cautela con que se estructuran y construyen las diferentes instancias de integración regional que promueven y en la reiterada aspiración de imponer los intereses nacionales en los distintos esquemas que configuran la actual arquitectura regional.

No obstante, y más allá de las fracturas, de las divergencias y de los liderazgos en pugna que se reflejan en las propuestas del ALBA y de UNASUR, es evidente que el regionalismo en América Latina está atravesando una etapa de transición que, sin embargo, permite identificar algunas tendencias y rasgos comunes.

En primer lugar, a diferencia de la década precedente, hay una marcada politización de la agenda regional y un desplazamiento de los temas comerciales y económicos, que expresan un "retorno de la política" en las relaciones exteriores y el desarrollo. En segundo lugar, este proceso no está disociado de un marcado "retorno del Estado", tanto en las relaciones exteriores como en las políticas sociales y de desarrollo, con un rol protagónico de los gobiernos y un desplazamiento de actores no estatales, como el sector privado y la sociedad civil, en tanto el grueso de los acuerdos es de carácter intergubernamental, incluyendo la creación de empresas interestatales en el marco regional. Este "retorno del Estado" viene asimismo asociado con visiones que retoman una mirada tradicional de la soberanía nacional. En tercer lugar, en relación con los dos cambios anteriores, y en particular con la necesaria legitimación interna de los gobiernos electos democráticamente, con una agenda social impulsada desde arriba, se registra un "retorno a la agenda del desarrollo", en franco distanciamiento del Consenso de Washington. A estos tres "retornos" fundamentales hay que sumar la prioridad otorgada a una serie de temas nuevos en la agenda regional, algunos de los cuales ya hemos analizado. A este cuadro cabría agregar una creciente atención a la cooperación Sur-Sur, tanto como parte del andamiaje regional como, particularmente en los casos de Brasil y Venezuela, de una serie de iniciativas en el marco de los países del Sur Global en función de una estrategia de vinculación extrarregional y de proyección global.[129]

---

[129] Es revelador al respecto, el listado de temas a abordar por los Estados Miembros de la CEALC en formación, sobre la base de la convergencia entre el Grupo de Río y las Cumbres de América Latina y el Caribe (CALC), en la declaración final de la Cumbre de la Riviera Maya, México, el 23 de febrero de 2010, que incluye como temas prioritarios la cooperación entre los mecanismos regionales y subregionales de integración; el tratamiento de asuntos económicos vinculados a la crisis financiera internacional y al comercio; los temas de energía, integración en infraestructura física (incluyendo el intercambio entre el proyecto Mesoamérica y el Consejo de Infraestructura y Planeamiento de UNASUR, que incorpora la IIRSA), ciencia y tecnología, desarrollo social (programas sociales y erradicación del hambre y de la pobreza; seguridad alimentaria y nutricional; educación, salud y servicios públicos, y cultura), migración, desarrollo sostenible, cambio climático, desastres naturales, derechos humanos (que incluye en el punto 72 el compromiso con la Declaración Universal de los Derechos Humanos y con los instrumentos jurídicos internacionales tanto de derechos humanos como de derecho internacional humanitario), asuntos de seguridad (que adicionalmente a los temas de desarme, confianza mutua, solución pacífica de los conflictos, promoción de una zona de paz y lucha contra el narcotráfico y el terrorismo, señala explícitamente en su punto 79 que "la paz en nuestra región está profundamente ligada al respeto a los principios de la libre determinación de los pueblos, la no intervención en los asuntos internos de los Estados, la solución pacífica de las controversias, la proscripción de la amenaza o del uso de la fuerza, la igualdad jurídica de los Estados y la cooperación internacional para el desarrollo"), y como tema final destaca la cooperación Sur-Sur y la necesidad de impulsarla.

En particular, tanto la crisis entre Colombia y Ecuador desatada en marzo de 2008 (y superada merced a la intervención del Grupo de Río), como la posterior crisis de Pando en Bolivia (con la intervención de UNASUR), y la crisis provocada por el acuerdo entre Colombia y EE.UU. para la instalación de bases militares en el territorio del primero (tratada en el marco de UNASUR), evidencian que los temas de seguridad siguen constituyendo un componente fundamental de la agenda regional.

En este contexto es que hay que ubicar, en primer lugar, la importancia que vuelve a asumir el principio de soberanía nacional, al legitimar el rol del Estado como principal promotor de las iniciativas de integración, en el marco de acuerdos intergubernamentales que, sin embargo, no condicionan su autonomía o independencia, pero que claramente apuntan a la construcción de una comunidad política a nivel regional a través del diálogo político y de la concertación. La construcción de consensos como instrumento privilegiado para la toma de decisiones se convierte frecuentemente en un impedimento para avanzar, a través del diálogo y de la concertación, en la conformación de una arquitectura y de una normatividad regional de mayor desarrollo institucional. En segundo lugar, es necesario no perder de vista que la mayoría de los recientemente creados espacios y esquemas de integración inaugurados en América Latina se caracteriza por su carácter reactivo y/o defensivo en su exclusión de EE.UU., en función del histórico fantasma de la amenaza de una influencia o una injerencia del hegemón hemisférico.[130] De hecho, para bien o para mal, EE.UU. sigue constituyendo un referente

---

[130]   Como señalan Cooper y Heine, "*anxiety about US coercive power –whether it is acting alone or through proxies– remain implanted in the collective mentality of the region*". Cooper, Andrew y Heine, Jorge (2009), "Introduction – The Effect of National and Global Forces on the Américas: Tsunami, Tornado or Just a Mild Breeze?", en Cooper, Andrew y Heine,

fundamental en estos procesos y sigue incidiendo sobre su configuración, así fuere en otro rol,[131] dando continuidad y renovado vigor al principio de soberanía nacional. Y, en tercer lugar, que la recuperación de este principio no sólo se asocia con un renovado nacionalismo, sino también con una serie de características distintivas y particulares de una nueva etapa de los procesos de integración en América Latina.

Entre conclusiones y recomendaciones generales

En conclusión, dado el nivel de fragmentación de la región (reiteradamente señalado por algunos investigadores[132]), y el resurgimiento de visiones nacionalistas que, con mayor o menor énfasis, revitalizan las concepciones tradicionales de la soberanía nacional en su versión westfaliana, así sea asociándola con la soberanía popular inherente a los sistemas democráticos, es difícil precisar, en esta "navegación en la niebla", como acertadamente describe esta nueva etapa un analista,[133] recomendaciones específicas para profundizar en el proceso de integración regional, así sea a nivel general o a niveles sectoriales específicos.

Jorge (eds.), *Which Way Latin America? Hemispheric Politics Meets Globalization*, Tokio, United Nations University, p. 303.

[131]   Ver Serbin, Andrés, "Obama y América Latina y el Caribe: a más de un año después", *op. cit.*

[132]   Ver Rojas Aravena, Francisco y Solís, Luis Guillermo (coord.) (2006), *La integración latinoamericana. Visiones regionales y subregionales*, Juricentro / Obreal / FLACSO, San José de Costa Rica; Lagos, Ricardo (comp.) (2008), *América Latina: ¿integración o fragmentación?*, Buenos Aires, Edhasa,; Rojas Aravena, Francisco (2009), *op. cit.*

[133]   Whitehead, Laurence (2009), "Navigating in a Fog: Metanarratives in the Americas Today", en Cooper, Andrew y Heine, Jorge (editores), *op. cit.*, pp. 27-49.

En este marco, la actual etapa de la integración regional, con sus distintivas características estadocéntricas, intergubernamentales (y frecuentemente interpresidenciales) y con un marcado déficit democrático en términos de participación o empoderamiento de la ciudadanía, abre una serie de interrogantes sobre la efectiva posibilidad de impulsar mecanismos de integración que no se basen exclusivamente en la construcción de consensos políticos en espacios intergubernamentales en temas y coyunturas específicas, sino en una institucionalidad más densa y estructurada y en una normatividad supranacional en función de una estrategia de más largo plazo, por más que esta normatividad pueda ser aceptada formalmente por las constituciones de algunos países de la región y por más que el derecho internacional, y en especial los derechos humanos y el derecho internacional humanitario, sean crecientemente reconocidos como un referente obligado en la articulación de las nuevas formas de soberanía nacional, particularmente en el marco de los sistemas democráticos vigentes.

Los principios de soberanía nacional, no intervención, autodeterminación y resolución pacífica de conflictos que han caracterizado y distinguido la cultura diplomática intergubernamental de la región, han servido tanto para prevenir una intervención externa como para mantener la paz. De hecho, en este sentido, la soberanía nacional (y el interés nacional) en el marco de la preservación de la estabilidad y de la paz de la misma, han servido para construir consensos y para desarrollar un definido legado de derecho internacional que contribuyen tanto a prevenir la intervención externa como a evitar la guerra y a mantener la paz de la región. Sin embargo, a la vez, en el marco del regionalismo anárquico que Hirst[134] le atribuye al proceso de integración en América

---

[134] La caracterización de regionalismo anárquico que le atribuye Hirst incluye el rechazo a la idea de gobierno y, consecuentemente, de una

Latina, ha impedido la construcción y la aceptación de normas e instituciones supranacionales que permitan avanzar en el proceso de integración y gobernanza regional a través de compromisos que impliquen una cesión de algunos aspectos de la soberanía nacional, en aras de la conformación de una institucionalidad regional más avanzada. En este sentido, en la práctica, la soberanía nacional sigue constituyendo una limitación importante para la profundización de los procesos de integración regional.

Las nuevas corrientes del regionalismo posliberal, con su retorno al Estado, a la soberanía nacional y a la política, han reforzado los componentes nacionalistas –en ambas vertientes del regionalismo actualmente en vigencia, aunque con matices y énfasis diferenciados–, sin que por ahora se haya desatado un conflicto bélico entre las naciones de la región; es decir que han logrado preservar consecuentemente la paz en el marco de una agenda regional fuertemente politizada. Sin embargo, los nuevos desafíos que presentan a la región tanto la globalización y la interdependencia económica como los nuevos temas de una agenda regional basada en la cooperación Sur-Sur, y en la articulación de ámbitos y entramados políticos de concertación, probablemente obligue a repensar los

---

gobernabilidad efectiva; el rechazo a la construcción de instituciones efectivas, sólidas y sostenibles; el énfasis en la libertad que repudia la intervención externa, aduciendo razones históricas, en un mundo complejo e interdependiente; el desarrollo espontáneo y poco planificado a través de medidas y políticas *ad hoc*; la promoción de la no violencia y la paz, y el rechazo a la posibilidad de desarrollar liderazgos regionales efectivos, sean estos los que marcan la actual competencia entre Brasil y la Venezuela Bolivariana, o la rivalidad entre EE.UU. y Brasil, ambas definidas por una especie de empate técnico en la región, sin mencionar la ambigüedad histórica de México frente a la misma, en Mónica Hirst (2009), "América Latina: méritos del regionalismo anárquico", en *Clarín*, Buenos Aires, 10 de mayo de 2009. Disponible en línea: http://clarin.com/diario/2009 / 10/05/opinión/0-02012303.htm

alcances del concepto de soberanía nacional en el contexto latinoamericano y caribeño, y eventualmente, a honrar en la práctica lo que oficialmente asume la retórica de constituciones, acuerdos y tratados vigentes.[135]

Si la presencia hegemónica de EE.UU. ha decrecido y los márgenes de autonomía de los países de la región –de acuerdo con su ubicación geográfica y a su vinculación económica con la economía estadounidense– se han incrementado, en función, entre otros elementos, de la promoción de un mundo multipolar –en lo que coinciden, desde perspectivas diferentes, tanto el proyecto bolivariano como la política exterior de Brasil–, se abren numerosos interrogantes sobre los límites y alcances (y la utilidad en su formulación tradicional) del concepto soberanía nacional, particularmente frente a la necesidad de abordar colectivamente y con cierto éxito no sólo los temas de seguridad y paz regional, sino también toda una amplia gama de bienes públicos regionales que demandan políticas transnacionales y una eficiente estructura institucional y normativa de carácter regional. En este marco, más allá de los temas ya presentes en la agenda regional actual –cooperación energética, finanzas, infraestructura y agenda social–, crecientemente se van ubicando en un primer plano (y con urgencia de respuestas) una serie de temas nuevos de carácter transnacional.

En primer lugar, formas de concertación y cooperación regionales para la defensa de los recursos naturales en los que es rica la región y que han contribuido, en gran medida, a su

---

[135] Por otra parte, es de señalar que la mayoría de las cumbres, foros y organizaciones multilaterales producen un ingente volumen de acuerdos y decisiones, cuyo seguimiento e implementación sólo se cumple en una limitada proporción. Las iniciativas *ad hoc*, a su vez, si bien en muchos casos logran alcanzar sus propósitos inmediatos, no se articulan con una visión y una estrategia a largo plazo en función de los intereses del conjunto de la región o del grupo de Estados miembros respectivos.

crecimiento económico en los últimos años, en tanto éstos se verán crecientemente afectados por el cambio climático, el incremento de los desastres naturales, la desertificación, y la voracidad por el control y la explotación de las fuentes de agua y de los recursos naturales en general. En segundo lugar, la necesidad de profundizar en la cooperación Sur-Sur para el desarrollo de una agenda regional propia frente a problemas compartidos que, crecientemente, trascienden las fronteras nacionales. Estos y otros temas similares en muchos casos remiten no sólo a los bienes públicos regionales, sino también a los bienes públicos globales, y se verán afectados por avances en el derecho internacional y en las normativas internacionales existentes. En tercer lugar, una serie de temas referidos a la globalización de los derechos humanos y a la ampliación de las responsabilidades del Estado tanto ante su población como ante la comunidad internacional, claramente ilustrados por la discusión de normas como "la responsabilidad de proteger" en el seno de la ONU y su consagración en algunas organizaciones regionales como en el caso de la Unión Africana.[136]

En este marco, muchos de los nuevos temas a abordar por la región escapan a una agenda estrictamente interna y se vinculan y conectan con dinámicas regionales y globales. De manera consecuente, así sea en función de dinámicas y características propias, las lecciones aprendidas en torno a la preservación de la paz de la región deberían ser aplicadas y profundizadas en la construcción de respuestas colectivas frente a nuevos retos, tanto estrictamente regionales como de carácter global, que en años venideros afectarán a América Latina y el Caribe. En esta perspectiva,

---

[136]   Ver al respecto Arredondo, Ricardo (2009), "La responsabilidad de proteger: una visión desde el Sur", en *Agenda Internacional*, núm. 19, pp. 24-39, y "La responsabilidad de proteger: de la noción a la acción", en *Pensamiento Propio,* núm. 29, 1-6/2009, pp. 185-208.

las respuestas y acuerdos *ad hoc* y típicamente reactivos (cuando no meramente retóricos) de la región[137] no serán suficientes y demandarán de estrategias colectivas de largo plazo y de la construcción de normativas e instituciones con capacidad de impulsar políticas regionales de preservación y defensa de los bienes públicos regionales, y de proporcionar a sus respectivas poblaciones el Estado de bienestar y una calidad de vida diferente.

La soberanía nacional, entendida en su concepción westfaliana, ya ha comenzado a sufrir revisiones y erosiones a partir de la aplicación universal de los derechos humanos y del desarrollo reciente del derecho internacional, particularmente en el ámbito interno de los Estados. Es altamente probable que los nuevos desafíos apuntados también presionen para una revisión de la dimensión externa de este concepto, si se quiere construir una nueva arquitectura regional que preserve los logros alcanzados pero que a la vez pueda enfrentar estos nuevos desafíos. En este marco, las lecciones aprendidas en torno a la necesidad de reafirmar y resguardar los derechos humanos pueden ser de gran utilidad en la experiencia regional, particularmente si se toma en cuenta la participación efectiva de la ciudadanía en los procesos regionales. Esta afirmación no necesariamente significa que América Latina debe seguir imitando los caminos de otras experiencias de integración regional y deba aceptar al pie de la letra las fórmulas y recetas aplicadas en otros contextos, sino que debe hacer una profunda revisión de su propio legado, de sus objetivos históricos y de su capacidad de adaptación a las nuevas condiciones regionales y globales. En este contexto, el

---

[137] Ver Serbin, Andrés (2010), "¿Un boom del multilateralismo latinoamericano? Factores condicionantes y rasgos distintivos", en Martínez, Laneydi, Ramazzini, Haroldo y Vásquez, Marina (editores), *Anuario de la integración de América Latina y el Gran Caribe*, Buenos Aires, CRIES.

gran interrogante es si el regionalismo anárquico antes mencionado y la preservación de la soberanía nacional son instrumentos conceptuales y políticos útiles para la nueva etapa que enfrenta la región en el ámbito internacional, para la construcción de un regionalismo de características propias y distintivas, sobre la base de la reconciliación de los intereses nacionales y de los intereses regionales.

La baja institucionalización de los acuerdos avanzados, la marcada politización de la agenda regional y la necesidad de construir consensos en un contexto signado por la fragmentación, por las aspiraciones de liderazgos divergentes y por la participación de gobiernos poco dispuestos a sacrificar aspectos de su soberanía o de su interés nacional, eventualmente disociados de una aspiración a consolidar y reafirmar el proceso de integración regional en distintas dimensiones; los limitados logros y avances en la concertación sectorial en torno a temas puntuales pero particularmente relevantes de la agenda regional, con la participación de algunos gobiernos y con la reticencia de otros, como hemos analizado en las páginas anteriores, y la ausencia de un efectivo compromiso de anclar estos procesos en una participación activa de la ciudadanía en su formulación, implementación, seguimiento y evaluación, se erigen, en este sentido, en obstáculos formidables para avanzar en la conformación de un espacio regional –ya sea sudamericano o latinoamericano y caribeño– de alta densidad y efectividad institucional, que supere las limitaciones impuestas por concepciones y visiones profundamente arraigadas de la soberanía nacional en sus vertientes más tradicionales, y que logre impulsar muchos de los objetivos planteados en la multitud de foros, cumbres y organismos multilaterales conformados a nivel subregional y regional en los últimos años, en un marco que contribuya al fortalecimiento de la democracia y de los derechos inherentes a la ciudadanía de los países de América Latina y el Caribe.

MÉXICO Y LA CELAC: RECUPERANDO LA IDEA DE AMÉRICA LATINA

Natalia Saltalamacchia Ziccardi[138]

Entre el 21 y 23 de febrero de 2010 se celebró en Cancún, México, la denominada Cumbre de la Unidad de los Países de América Latina y el Caribe. El resultado más visible del aquel encuentro fue el lanzamiento oficial de la Comunidad de Estados Latinoamericanos Caribeños (CELAC), una nueva asociación que agrupa a todos los países de América Latina y el Caribe. Dicha entidad ha llamado la atención porque deja fuera a Canadá y Estados Unidos, porque se ha dicho que debilitará a la Organización de Estados Americanos (OEA) y también porque se duda de su viabilidad y eficacia. De hecho, en México varios especialistas recibieron el anuncio con escepticismo o crítica, a pesar de ser este país uno de los principales promotores.[139]

El propósito de este artículo es analizar cuál es el interés de México en fungir como uno de los líderes en este esfuerzo de concertación regional. Se argumenta que el impulso mexicano a la CELAC es una señal diplomática que forma parte de una política de reacercamiento con América Latina. Dicha política latinoamericana se fue definiendo en

---

[138] Profesora-investigadora del Departamento de Estudios Internacionales del Instituto Tecnológico Autónomo de México (ITAM) y Directora del Centro de Estudios y Programas Interamericanos (CEPI).

[139] Véase, por ejemplo, Pellicer, Olga (2010), "Una Cumbre llena de riesgos", en *Proceso*, 19 de febrero de 2010 y Pellicer, Olga (2010), "Las palabras y los hechos", en *Proceso*, 11 de marzo de 2010; Montaño, Jorge (2010), "Con OEA o sin ella", en *El Universal*, 26 de febrero de 2010.

términos de su alcance y objetivos paulatinamente en el
transcurso del gobierno de Felipe Calderón. En ese sentido,
la CELAC –una iniciativa que en principio parece ambiciosa– no es un proyecto largamente acariciado ni sopesado,
sino que surgió al calor de lo que se percibió como una
oportunidad política. No por ello carece de racionalidad y
del potencial de rendir frutos al país, pero al mismo tiempo
entraña riesgos e invita a reflexionar sobre el rumbo más
general de la política exterior mexicana.

En la primera parte del artículo se establecen los antecedentes de la política exterior de México hacia América
Latina durante el gobierno de Felipe Calderón. A continuación se identifican las posibles razones del gobierno mexicano para impulsar a la Comunidad de Estados
Latinoamericanos y Caribeños. Por último, se discuten los
potenciales beneficios y riesgos asociados con el impulso
a este nuevo foro regional.

Volviendo la mirada hacia América Latina

Por distintos motivos, cuya discusión excede este artículo, México no ha sido capaz de definir una estrategia
general que guíe su política exterior y defina cabalmente
su inserción en el mundo. Sin embargo, una de las líneas
de acción realmente clara y con un cierto grado de consistencia en la actuación internacional de México es la
política de entendimiento y convergencia con América
Latina. En el transcurso de los cuatro años del gobierno
de Felipe Calderón, poco a poco México ha recuperado
su vocación latinoamericana. ¿Cómo se explica este giro
latinoamericano efectuado a partir de 2006?

La respuesta general es que se llegó ahí a través de
reacciones y aproximaciones sucesivas. Al inicio del sexenio
de Felipe Calderón había pocos elementos para esperar

un relanzamiento ambicioso de las relaciones de México
con América Latina. Al mismo tiempo, en el seno de la
Cancillería existía la certidumbre de que el distanciamiento
de México de la región latinoamericana alimentado durante
los años foxistas era un pasivo. En efecto, el gobierno de
Vicente Fox había dejado un saldo muy negativo. Los abiertos altercados diplomáticos con varios países de la región
-Cuba, Venezuela, Bolivia-, los roces innecesarios con otros
-como con Chile a raíz de la candidatura para la Secretaría
General de la OEA o con Argentina en la Cumbre de Mar
del Plata en 2005-, así como la falta de diálogo e incluso
una dinámica de rivalidad con Brasil, sembraron un clima
de desconfianza frente a México. Asimismo, habilitaron la
difusión de un discurso -por cierto, nada desinteresado-
según el cual México ya no formaría por elección propia
parte de América Latina sino de América del Norte, por
lo cual era posible dejar de tomarlo en cuenta dentro de
los esquemas de concertación latinoamericanos.[140] Por
otro lado, en las relaciones con América Central reinaba
el desencanto, entre otras cosas, porque el tan alardeado
Plan Puebla Panamá no había rendido frutos concretos:
era apenas un cascarón sin sustancia.

En este contexto, se puede afirmar que en 2006 las
relaciones políticas entre México y América del Sur se
encontraban en un punto mínimo histórico. Aunque sólo
fuera por ello, resultó necesario tomar medidas urgentes
de recomposición y normalización. Incluso, si en fechas
tempranas de la administración de Felipe Calderón todavía
no se definía qué lugar se otorgaría a América Latina, lo que
sí resultaba evidente era que ningún proyecto de política

---

[140]   Cada vez más se escuchó hablar de la América Latina del Norte (que
incluiría a México y Centroamérica, quizás incluso a Colombia) y la
América Latina del Sur; un discurso bien aceitado por Itamaraty que
contempla la repartición de esferas de influencia entre Estados Unidos
en el norte y Brasil en América del Sur.

exterior[141] podría despegar sobre la base de tan mala relación con el vecindario. Durante los dos primeros años de
gobierno la Cancillería debió enfocar su energía en sanar
heridas y restablecer relaciones funcionales.

Otro factor, de orden interno, coadyuvó al principio
para colocar a América Latina en el radar: la necesidad
de legitimación que enfrentó en sus inicios el gobierno de
Felipe Calderón después de las controvertidas elecciones
presidenciales de 2006. Ante una serie de reivindicaciones
de fraude electoral provenientes de una parte importante
de la izquierda mexicana, Calderón buscó el acercamiento
y el reconocimiento internacional de su gobierno por parte
de destacados gobernantes latinoamericanos procedentes
precisamente de la izquierda, como una forma adicional
de reforzar su posición y de desactivar la perspectiva de
ingobernabilidad. Las visitas de Estado de Luiz Inácio Lula
da Silva, Michelle Bachelet, Néstor Kirchner y Daniel Ortega
durante el primer año de gestión formaron parte de este
diseño[142] y a la vez contribuyeron a relanzar proyectos de
colaboración bilateral.

El factor estadounidense también se conjugó para re-
direccionar la atención hacia América Latina. Recordemos
que después del 11 de septiembre de 2001, la relación de
México con Estados Unidos se estancó y a partir de 2003
incluso se deterioró.[143] Dado que el gran proyecto de política

---

[141] Por ejemplo, la candidatura mexicana al Consejo de Seguridad, la
propuesta mexicana sobre el estatuto del nuevo Consejo de Derechos
Humanos de la ONU, etc.; por no hablar de la defensa de los intereses
de los mexicanos en aquellos países como por ejemplo, las inversiones
de CEMEX en Venezuela.

[142] Secretaría de Relaciones Exteriores de México (2010), *Primer informe de
labores de la Secretaría de Relaciones Exteriores 2007*, pp. 18 y 19. Disponible en línea: http://www.sre.gob.mx/eventos/docs/1er_inf_lab07.
pdf (consulta: 29 de junio de 2010),

[143] A raíz de la intención de voto negativo de México en el Consejo de
Seguridad en el asunto de la guerra contra Irak.

exterior planteado por el gobierno de Vicente Fox era la profundización de América del Norte, y esto quedó fuera de discusión, el país se quedó sin una agenda consistente hacia el norte. Ante este legado, al gobierno calderonista le correspondía la tarea de rediseñar una visión estratégica de México en su relación con Estados Unidos. Sin embargo, en 2007 el presidente Bush entró en la segunda mitad de su segundo mandato, convirtiéndose en lo que usualmente se conoce como *lame duck president*. Frente a una Casa Blanca impopular y a esas alturas débil, Calderón optó por gestionar la relación bilateral en temas puntuales,[144] esperando la elección del próximo presidente con el cual se trabajaría durante cuatro años. Todavía hoy la relación de México con América del Norte es fundamentalmente reactiva y carece de una estrella polar que guíe su rumbo, pero para bien o para mal, esta indefinición abrió un espacio y liberó energía para invertir en la política latinoamericana.

A finales de 2007, la Cancillería reconocía la necesidad de reinsertar a México en la arena política latinoamericana para recuperar "los espacios de interlocución que corresponden a nuestra pertenencia regional y al peso específico" del país.[145] No obstante, esto no sería tarea fácil tomando en cuenta los reacomodos geopolíticos y la complicación que presentaba la zona. En efecto, cuando se planteó el "regreso" a América Latina, la diplomacia mexicana se enfrentó con al menos dos factores característicos de la región en el presente:

- En primer lugar, la fragmentación e inclusive la polarización en términos de los diferentes modelos políticos y de desarrollo socioeconómico existentes entre países (que contrasta con aquel consenso político y

---

[144] Producto de lo cual fue, por ejemplo, la Iniciativa Mérida para el combate al crimen organizado y el narcotráfico.
[145] Secretaría de Relaciones Exteriores de México (2010), *op. cit.*, p. 83.

económico básico presente durante los años noventa). Una fragmentación que, por otra parte, se expresa en la proliferación de varios esquemas de asociación subregional que se sobreponen y en ocasiones incluso compiten entre sí. Entre éstos destacan la Unión de Naciones Suramericanas (UNASUR) y la Alianza Bolivariana para las Américas (ALBA), a los que se podría agregar la existencia del Sistema de Integración Centroamericana (SICA) en Centroamérica.

- En segundo lugar, un contexto marcado por el ascenso de dos liderazgos regionales claros, Brasil y Venezuela, que si bien comparten ciertas afinidades también en ocasiones entran en competencia. De hecho, desde una perspectiva realista, UNASUR y ALBA pueden ser concebidos como vehículos de consolidación del liderazgo brasileño y venezolano, respectivamente, así como de afirmación de autonomía frente a Estados Unidos en un orden internacional cambiante.

En este contexto, la recuperación del espacio perdido durante más de un lustro de equívocos y virtual ausencia ha implicado dos cosas. Por un lado, el replanteamiento de la relación bilateral con quienes se perfilan como líderes de los núcleos sudamericanos de asociación más destacados.[146] Por otro lado, habida cuenta de que México no es –ni puede ser– miembro de ninguna de estas agrupaciones, el intento de forjar un nicho político presentándose como un país que desea ser un factor de moderación de las diferencias y contribuir a fraguar consensos regionales. En este sentido, el mensaje proveniente del edificio Tlatelolco hoy en día

---

[146] Después de un arranque difícil, el gobierno de Felipe Calderón dio un giro notable a las relaciones con Venezuela y Brasil. Con Venezuela se planteó pragmáticamente, a pesar de las distancias político-ideológicas, la coexistencia pacífica; con Brasil se pasó de la rivalidad a un planteamiento de cooperación que hoy llega incluso a la negociación de un Acuerdo Estratégico de Asociación Económica.

es que México puede desempeñar selectivamente el papel de líder en la región, para lo cual está dispuesto a invertir esfuerzo y capital político en los problemas y oportunidades que brinda América Latina. Vale la pena subrayar que todo ello se plantea con un lenguaje modesto y moderado; no se hacen alusiones a proyectos de "potencia regional", ni a América Latina como plataforma para un "liderazgo internacional" al estilo brasileño. Por ahora, México quiere volver a contar y ser tomado en cuenta; se pretende simplemente recuperar influencia e interlocución. El apoyo del gobierno de México a la creación de la Comunidad de Estados Latinoamericanos y Caribeños debe ser pensando a la luz de estas consideraciones.

Las motivaciones de México ante la CELAC

Aunque no se sabe a quién atribuir a ciencia cierta la paternidad de la idea de la Comunidad de Estados Latinoamericanos y Caribeños, lo cierto es que el presidente Calderón la impulsó personalmente desde 2008. Al parecer, la presidencia de México del Grupo de Río, que comenzó en 2008, marcó un punto de inflexión: la exitosa gestión para desactivar el conflicto entre Colombia y Ecuador (marzo de 2008) por el ataque de la primera a un campamento de las FARC en territorio ecuatoriano revitalizó a dicho mecanismo multilateral y fue entonces que el Presidente vislumbró una oportunidad política para México. En la I reunión de la CALC en Salvador de Bahía, Calderón fue un paso más allá y defendió públicamente la idea de construir una "organización de Estados latinoamericanos".

Después de intensas negociaciones, en la Cumbre de Cancún la diplomacia mexicana logró un éxito parcial: con el consenso algo renuente de Brasil, el apoyo del gobierno saliente de Michelle Bachelet de Chile y el entusiasmo de los países del ALBA, finalmente se anunció la intención de crear la CELAC. Sin embargo, la definición de su institucionalidad y su forma de operación quedó como una tarea pendiente. Actualmente México integra el grupo de trabajo que acompañará a la copresidencia encabezada por Venezuela y Chile en la redacción de los estatutos del nuevo mecanismo con la perspectiva de instalarlo oficialmente en la Cumbre de Caracas en julio de 2011.

¿Qué espera México de este mecanismo multilateral regional? ¿Cuáles son las razones por las cuales el país hizo suyo el proyecto de la Comunidad de Estados Latinoamericanos y del Caribe? Algunos observadores mexicanos la consideran apenas una ocurrencia presidencial y, sin embargo, es posible identificar al menos tres motivaciones de índole más estratégico.

La primera tiene que ver con un intento de ensanchar los márgenes de actuación política internacional del país a través de reacreditar su pertenencia en la región latinoamericana. El avance de los otros esquemas de asociación multilateral –especialmente UNASUR, si llega a consolidarse como un núcleo sudamericano fuerte– ha enfrentado a México con la posibilidad de modificar cualitativamente sus relaciones con los vecinos del sur, en tanto que el país se estaría constituyendo (junto con Centroamérica) en el "otro", extrarregional. En esa medida, en México se percibe la necesidad de revivir la idea de *una* América Latina, en la que el país tiene cabida, habla como miembro y es un factor de peso indisputable. La CELAC tiene esa virtud: recupera a América Latina (sumando al Caribe) como plataforma geopolítica, ya que es totalmente incluyente en su membresía y además quiere ser, entre otras cosas, un "paraguas" dentro del cual se coordinen los trabajos de las demás asociaciones subregionales. Su creación respondería así a un interés primordial de México de no quedarse –como hasta ahora– fuera del juego del asociacionismo y de forjar un nuevo espacio en el que pueda proyectar su influencia. Los críticos mexicanos a este proyecto señalan, no sin tino, que este espacio ya existía para México y se llama Grupo de Río. Y, es cierto, en el fondo parece que el gobierno de México percibe este nuevo foro como una versión más ambiciosa y mejorada de aquel mecanismo que el propio México ideó hace ya veinticuatro años.

La segunda razón está relacionada con la pretensión de que México actúe como líder en América Latina. Es posible que el impulso a la CELAC se vincule con una visión de qué tipo de liderazgo puede (o más bien quiere) ofrecer un país como México. Como nos recuerda Guadalupe González, a pesar de ser un país grande y con peso específico, históricamente el liderazgo de México en América Latina se ha caracterizado por dos cosas: 1) ha sido más bien errático, con altibajos, con periodos de mucho activismo seguido de ausencias; 2) ha sido de naturaleza eminentemente política.[147] Es decir, los momentos altos del liderazgo mexicano en América Latina se han basado siempre en la construcción de grupos de concertación política, en el fortalecimiento del multilateralismo, en los buenos oficios de la mediación; casi nada en el uso de instrumentos económicos y de ninguna manera en recursos militares o estratégicos. A diferencia de Brasil, por ejemplo, México no despliega cascos azules o concibe un Consejo de Defensa Sudamericano; a diferencia de Venezuela, México muy pocas veces ha puesto a disposición de la política exterior sus recursos petroleros. Como líder, México ha sido sobre todo un artífice de tratados internacionales, acuerdos de paz y asociaciones de concertación multilateral.[148] Esta es la

---

[147]   González, Guadalupe (2007), "El difícil juego del equilibrista", en *Foreign Affairs en Español*, vol. 7, núm. 4, octubre-diciembre de 2007, pp. 31-37.

[148]   Entre los que cabe citar: en el campo político el proceso Contadora, el Grupo de Río e incluso la Cumbre Iberoamericana; en el área económica México fue protagónico en la gestación de la Asociación Latinoamericana

tradición de la diplomacia mexicana y esto es precisamente de lo que se trata la CELAC. Este proyecto está pues en sintonía con lo que México mejor sabe hacer en términos de proyección internacional y además, en la medida en la cual no quiere arriesgarse a innovar, aquí por lo menos se pisa terreno conocido.

La tercera razón –esta es la oficial, citada por los funcionarios– tiene que ver con los bienes públicos que este mecanismo multilateral puede producir. La Cancillería mexicana transmite la percepción de una verdadera necesidad de contención de conflictos dentro de América Latina y el Caribe, así como de construcción de acuerdos regionales *vis a vis* con el resto del mundo, que puedan aumentar el peso de la región en el escenario internacional. La creación de la CELAC contribuiría, sostienen ellos, a ambas cosas. Teóricamente ninguno de estos dos argumentos es malo. En efecto, los países de la región cada vez suman más litigios entre ellos, lo cual puede medirse de distintas maneras: desde el número de controversias latinoamericanas que llegan a los tribunales internacionales hasta el incremento en el gasto de defensa que desafortunadamente presenciamos en los últimos años. Asimismo, el hecho de que la región latinoamericana es cada vez menos importante o marginal en los asuntos mundiales –medido en términos de flujos de Inversión Extranjera Directa (IED), ayuda al desarrollo, población relativa, interés que despierta por parte de las potencias– también salta a la vista. Desde el punto de vista real, sin embargo, para cumplir con estos objetivos la CELAC debería estar dotada, entre otras cosas, de un andamiaje institucional y un flujo de recursos que no se antojan venideros.

---

de Libre Comercio (ALALC) y posteriormente la Asociación Latinoamericana de Integración (ALADI); en el campo estratégico destaca su liderazgo para dar vida al Tratado de Tlatelolco.

Conclusiones: un proceso con ventajas y riesgos

Es muy temprano para visualizar cuál será el destino final de la Comunidad de Estados Latinoamericanos y Caribeños. Sin embargo, es posible reflexionar sobre cuáles son algunos de los beneficios y riesgos que esta iniciativa implica para México en el corto y mediano plazo.

En el lado de los activos, el impulso mexicano a la CELAC constituye una señal diplomática que confiere seriedad y sentido de continuidad a la intención de México de fortalecer sus relaciones políticas con América Latina. De hecho, esta iniciativa ha implicado un proceso de negociaciones –antes y después de la Cumbre de Cancún– que necesariamente ha intensificado los contactos de la diplomacia mexicana con sus pares en el resto de la región. En ese sentido, México en efecto ha ganado mayor espacio en términos de presencia e interlocución a escala regional en lo inmediato. En el mediano plazo, si la CELAC prospera, el país habrá recuperado un espacio de pertenencia política e identitaria que se estaba diluyendo.

Por otro lado, dicho espacio se perfila como un desafío permanente porque, más allá del acuerdo respecto al fin último de crear la CELAC, cada país tiene sus propios intereses y objetivos nacionales. México, por ejemplo, debe conciliar el entusiasmo de los países del ALBA –importante para mantener el proceso a flote– a la vez que resiste la potencial deriva antiestadounidense que éstos abiertamente plantean. El reto para México no es menor: debe retener suficiente influencia sobre el proceso para evitar que el nuevo foro se convierta en un vehículo para antagonizar permanentemente a Estados Unidos.[149] Esto entraña no

---

[149] Por fortuna para México otros países en la región, por sus propias razones, comparten este interés. Destacan, por supuesto, Colombia y Chile, pero también a Brasil incomoda la pretensión bolivariana. Por su parte, los funcionarios mexicanos se han esforzado por lanzar señales públicas

sólo el despliegue de pericia diplomática, sino también la inversión de un importante capital político que sólo se justifica en la medida en la cual la apuesta sea prioritaria.

Este último punto invita a una reflexión final sobre la política exterior de México en su conjunto. El impulso mexicano a la CELAC cobra racionalidad, como aquí se argumenta, cuando se lo concibe como parte de una política de fortalecimiento de las relaciones con América Latina. No obstante, lo que no queda claro es exactamente para qué se busca dicho fortalecimiento, y por ende, resulta difícil evaluar hasta dónde conviene llegar y con qué instrumentos. En el fondo, las críticas formuladas a la iniciativa de la CELAC en México surgen a raíz de la incomprensión respecto de adónde va el país en términos más amplios. Desde esta perspectiva, el apoyo a la CELAC pone sobre la mesa preguntas que, en buena lógica, se colocan en un orden de prelación anterior a este esfuerzo de concertación regional. A saber, ¿qué papel se adjudica a América Latina en el diseño más general de la política exterior mexicana? O bien, ¿cómo se articula la intención de recuperar peso en la región latinoamericana con las otras vertientes de la política exterior de México, ya sea su relación con Estados Unidos y América del Norte o las agendas que se defienden a nivel global? En la medida en que la Cancillería no tiene o no sabe comunicar eficientemente estas respuestas, la CELAC ha sumado más detractores que apoyos entre la opinión pública informada de México. Esto es inconveniente porque, a diferencia del pasado, el multilateralismo del siglo XXI debe buscar puntales de legitimidad en la sociedad para prosperar. La apuesta por recuperar la idea de América Latina a través de un foro que se convierta en el principal referente regional necesita sumar más consenso social, en México y en todos lados, si quiere tener futuro.

_____

y privadas de que la intención de la CELAC no es rivalizar con EUA o volver a la OEA irrelevante.

BRASIL, AMÉRICA DEL SUR Y AMÉRICA LATINA Y EL CARIBE. OPORTUNIDADES Y DESAFÍOS DE LA INTEGRACIÓN

Paulo Fagundes Visentini[150]

Este artículo pretende analizar los impulsos al proceso de integración en América Latina y el Caribe que provienen de América del Sur, presentando los fundamentos y las perspectivas de Brasil durante los dos mandatos del presidente Luiz Inácio Lula da Silva (2003-2010). Por lo tanto, se trata de una contribución al debate de la creación de una Unión de Naciones de América Latina y el Caribe, tal como fue esbozado en la Cumbre de América Latina y el Caribe (CALC).

América Latina, y particularmente América del Sur, representa una de las regiones que más sorprendió (con un giro de 180 grados) en el contexto de afirmación de las potencias emergentes de los países. El Consenso de Washington, en medio del estallido de la crisis financiera y económica mundial en 2008, dio lugar al llamado Consenso de Beijing. El primer viaje importante de Hillary Clinton, secretaria de Estado del recién inaugurado gobierno del presidente estadounidense Barack Obama, fue justamente a Beijing para solicitar apoyo para lograr la estabilización del dólar y la recuperación económica, requiriendo ayuda para estabilizar el dólar y la recuperación económica, no dando más prioridad a los derechos humanos.

---

[150] Facultad de Ciencias Económicas de la Universidad Federal de Río Grande del Sur (UFRGS, Porto Alegre / RS, Brasil), Investigador del Consejo Nacional de Desarrollo Científico y Tecnológico (CNPq). *E-mail*: paulovi@ufrgs.br. Artículo traducido por Tatiana Beirute Brealey.

A diferencia de lo que ocurrió en Asia oriental, por ejemplo, el proceso de globalización en América del Sur produjo resultados que pueden considerarse nefastos en los campos económicos y sociales. La razón de esto fue la fuerte herencia que dejaron los regímenes militares del Cono Sur (aunque no en Brasil), que establecieron políticas liberales en la economía, abandonando el modelo de sustitución de importaciones, y ejerciendo una represión que desarticuló la sociedad, pasando por encima de la esfera política y penetrando en el núcleo de la organización social, produciendo un "apaciguamiento". Esta preparación previa fue potencializada por la crisis de la deuda externa (que golpeó fuerte a los procesos de desarrollo), y por los efectos internos de la crisis internacional del bloque soviético y su debacle, que se propagaron como ondas de choque, dando una nueva dimensión a la supremacía de Estados Unidos y sus aliados, y a sus intereses en el plano doméstico.

El resultado fue la adopción del Consenso de Washington en toda América Latina, a pesar de resistencias parciales y sutiles como las de Brasil. El país articuló, discretamente, una integración con sus vecinos que funcionó como una especie de Plan B en el contexto de la inserción internacional. Debido a la distancia de la región con relación a los grandes centros geopolíticos y geoeconómicos, el capitalismo industrial construido en Brasil durante los regímenes varguista (1930-1945), "populista" (1945-1964) y militar (1964-85), obtuvo un cierto espacio de maniobra regional, aunque evitando cualquier confrontación. Sin embargo, la década de 1990 constituye los años triunfantes del modelo neoliberal, responsable de una internacionalización pasiva, la desindustrialización, el empleo precario, y finalmente el estancamiento.

A causa de este fenómeno, en el cambio de siglo, a raíz de la inestabilidad financiera mundial, las crisis de gobernabilidad se generalizaron, teniendo como dos paradigmas divergentes el colapso argentino y el surgimiento de un nuevo proyecto político en Venezuela. El neoliberalismo empieza a encontrar resistencia, inclusive de fuerzas que antes lo habían apoyado con entusiasmo. El surgimiento del Foro Social Mundial en Porto Alegre y el aumento de la diplomacia del gobierno del presidente de Brasil, Luiz Inácio Lula da Silva, se inscriben en el marco de tal realineamiento de fuerzas, mientras que la idea del Área de Libre Comercio de las Américas (ALCA) se debilitó en la agenda regional. La militarización en curso en América del Sur, inclusive con la instalación de tropas norteamericanas, tiene como objetivo contribuir para evitar las crisis de gobernabilidad, la consolidación de regímenes "nacional-populistas" y los avances de la integración regional de corte autonomista.

La región sudamericana se compone de dos grandes realidades geopolíticas, el Mercado Común del Sur (MERCOSUR) y la Comunidad Andina de Naciones (CAN), además de las Guyanas (más hacia el Caribe) y Chile, que a pesar de ser miembro asociado del MERCOSUR, mantiene una fuerte independencia de los dos bloques. Se trata de un área que está lejos de las principales economías de los países de la Organización para la Cooperación y el Desarrollo Económico (OCDE) y también de otras regiones del Tercer Mundo, pero a su vez tiene la ventaja de estar lejos de los principales ejes de confrontación global. Históricamente, desde que dejó de ser una esfera de influencia europea, se encuentra en la zona de proyección del poder estadounidense, aunque siempre con cierto grado de autonomía, especialmente en tiempos de crisis en el sistema de poder mundial. Los países de la región siempre se mantuvieron apartados, "de frente para el mar y de espaldas el uno al otro", en un contexto marcado por la competencia entre Brasil y Argentina. Este cuadro solamente se alteró con una aproximación Brasilia-Buenos Aires en los años 1980, que dio inicio a una verdadera integración, con el establecimiento del MERCOSUR en 1991.

El Consenso de Washington en América del Sur

Con el fin de la Guerra Fría se formuló una serie de predicciones triunfalistas que señalaban el inicio de un nuevo orden mundial, basado en la paz, la prosperidad y la democracia, consolidando el proceso de globalización y la expansión de las ideas neoliberales. La ausencia de adversarios de la restante superpotencia y la consolidación victoriosa de su modo de vida se prolongaron a lo largo del milenio, anunciando el "fin de la historia".

Sustentado y estimulado por la globalización y la Revolución Científico-Tecnológica (RCT), el modelo neoliberal buscaba recuperar la competitividad, amparándose en la difusión de un nuevo paradigma productivo y en la alta tecnología, sumada a la reorientación estructural de las sociedades, tanto a nivel doméstico como externo. En el ámbito interno se observó un desmantelamiento de los Estados de bienestar, mientras que a nivel externo se generó una disminución de los espacios, la apertura, la liberalización y una nueva forma de división internacional del trabajo, que, se suponía, daría lugar al crecimiento.

Particularmente para América Latina este modelo fue consagrado en la agenda del Consenso de Washington que promovía, como respuesta a la crisis, la privatización de empresas estatales, la reducción del poder económico y social del Estado, el equilibrio fiscal, el control de la inflación y la liberalización del comercio. Este recetario de ajustes neoliberales impulsado por EE.UU. y las principales instituciones económicas internacionales tenía como objetivo ayudar a las naciones a superar la llamada "década perdida" de los años 1980, e impulsar un nuevo ciclo de modernidad.

El abandono de las políticas relacionadas con el nacionalismo y el desarrollo nacional, la adhesión a los *regímenes internacionales* en diversos sectores, tales como los derechos humanos y el medio ambiente, también fueron parte de este proceso de replanteamiento del nuevo orden. En la transición de los años 1980 a los 1990, el panorama político cambió radicalmente, con la victoria electoral de los gobiernos de centro-derecha, fuertemente norteamericanizados, e identificados con la agenda neoliberal. El México de Carlos Salinas de Gortari, la Nicaragua postsandinista, Fernando Collor de Mello y Fernando Henrique Cardoso en Brasil, la Argentina de Carlos Menem, el Perú de Alberto Fujimori, la Venezuela de Carlos Andrés Pérez y la Bolivia de Gonzalo Sánchez de Lozada, son algunos ejemplos. Todo esto en un contexto de aislamiento del régimen cubano (el cual, contra todo pronóstico, sobrevivió).

Sin embargo, las promesas de prosperidad no se cumplieron. Ya sea en el mundo desarrollado como en los países en desarrollo, la concentración y la disminución de los ingresos, el deterioro de las normas sociales, el desempleo, la recesión, la desindustrialización y la inestabilidad financiera fueron los principales resultados. En este escenario, la idea misma de la democracia como sistema, principio y valor se puso en juego. Si, por un lado, la democracia liberal en realidad llegó a ser adoptada (al menos formalmente) por una abrumadora mayoría de los países, se observó el crecimiento de la despolitización y el desencanto frente a la profundización de las dificultades económicas y la exclusión social. Estos mismos fenómenos presionaron a los gobiernos democráticamente electos, lo que a menudo condujo a su destitución temprana, tendencia observada en varios países de África y de América Latina.

Los dilemas del modelo también se relacionaron con la evolución real de las políticas de la restante superpotencia, Estados Unidos, que atravesó constantemente fases de descenso y expansión de su poder. Desde el final de la Guerra Fría, los estadounidenses, en busca de una nueva estrategia, expandieron su discurso global y neoliberal, al tiempo que necesitaban resolver el problema de su decadencia política y económica. De 1989 a 2000, periodo que corresponde al gobierno de George Bush padre y de Bill Clinton, la respuesta fue de invertir, en especial en el gobierno de Clinton, en una renovación de las organizaciones internacionales como instrumentos de ejercicio de un liderazgo ejercido de forma indirecta.

Estas oscilaciones de la hegemonía y el desarrollo de la multipolaridad, en especial con el surgimiento de los polos en Europa occidental y Asia (en torno a Japón y China), llevaron a una nueva actitud hacia América Latina mediante la elaboración de propuestas de carácter regional complementarias al Consenso: la Iniciativa para las Américas (IA), el Tratado de Libre Comercio de América del Norte (TLCAN) y el ALCA. Con estas iniciativas, Estados Unidos trató de fortalecer la competitividad de su economía frente a los grandes competidores, asegurando un cierto predominio preferencia en la zona donde.

La primera propuesta fue la IA del presidente George W. Bush, lanzada en 1990, promoviendo la creación de una zona hemisférica de libre comercio (ZHLC). Aunque la IA no tuvo resultados concretos, acogió la negociación del Tratado de Libre Comercio (TLC) entre EE.UU., Canadá y México. El proceso de esta unión ya había sido iniciado en 1988 con acuerdos de cooperación entre Estados Unidos y Canadá, y en 1990 entre Canadá y México. Las economías de los tres países siempre funcionaron de forma asociada, y el 1º de enero de 1994, el TLCAN entró en vigencia.

Para los EE.UU., Canadá era uno de sus principales mercados y su proveedor de recursos naturales, mientras que México le interesaba también por las materias primas (tan estratégicas como el petróleo), como zona de paso al Pacífico y por los problemas de seguridad: la migración y el tráfico de drogas. A su vez, México y Canadá se beneficiarían del acceso privilegiado al mercado estadounidense. Para México, la asociación con el Norte representaba una solución a sus problemas económicos, la obtención de beneficios y una forma de legitimar sus reformas. Esta perspectiva fue compartida por otros países de América Latina, indicando que el TLCAN, desde su creación, representó un auténtico "canto de sirena" para naciones como la Argentina de Menem y para Chile.

Sin embargo, después de completar un decenio y medio de existencia, el TLCAN no se ha abierto a ningún nuevo miembro –atravesando un momento de inflexión–, así como a otra iniciativa regional propuesta por los Estados Unidos: el ALCA. Tras una serie de *impasses* (incluso actualmente se encuentra paralizada), esta iniciativa nació en diciembre de 1994, en la Cumbre de Miami, cuando el presidente Clinton retoma la propuesta del ex presidente Bush de crear un ZHLC. El ALCA es una iniciativa de contenido estratégico, que va más allá de los aspectos meramente comerciales. Al igual que el TLCAN, busca el fortalecimiento o la renovación de la hegemonía en términos globales.

Para América Latina, estas dinámicas de las dos últimas décadas han sido sumamente difíciles. Se pueden definir dos etapas en el proceso de inserción de la región en la globalización: una primera de adhesión a las reformas impulsadas por las presiones de EE.UU. y las directrices del Consenso de Washington, y la segunda, de resistencia, marcada por la búsqueda de alternativas políticas, coaliciones y un discurso de carácter social y reformista, en la cual Brasil, a través de su política exterior, ha jugado un liderazgo fundamental.

Entre lo global y lo regional, de América Latina a América del Sur

Como se ha mencionado, la década de 1980 fue conocida en América Latina como la década perdida que se caracterizó por una transición de los regímenes autoritarios a la democracia, y una profunda crisis política y económica que sacudió las estructuras de los Estados en la región. Durante este periodo, estas presiones, y la permanente marginación de los países de la región en el escenario internacional, los llevó a intentar formular respuestas diplomáticas comunes a los desafíos internacionales.

En este contexto surge el eje de cooperación entre Brasil y Argentina, encabezado por los presidentes José Sarney y Raúl Alfonsín. En 1985, la Declaración de Iguazú estableció una comisión para estudiar la integración, y en 1986 se firmó el Acta de Integración y Cooperación Económica, que preveía la intensificación y diversificación del comercio. En 1998 se firmó el Tratado de Integración, Cooperación y Desarrollo entre Brasil y Argentina, que incluía el establecimiento de un Mercado Común entre los dos países en un plazo de diez años.

Sin embargo, el éxito de esta iniciativa no fue suficiente para superar la crisis. No sólo Brasil y Argentina se enfrentaban a esta debilidad, toda la región sufrió un nuevo golpe con el final de la Guerra Fría en 1989. Este evento renovó los temores de exclusión y trajo la imagen de la victoria indiscutible de la superpotencia americana y de su modelo. A partir de la década de 1990 comenzaron los profundos ajustes neoliberales con el objetivo de lograr la inserción latinoamericana en este nuevo mundo, y resolver los problemas locales. Después de la hiperinflación en Argentina, Menem llegó al poder, en 1989, con un programa neoliberal de estabilización monetaria y con la Ley de Convertibilidad, que dolarizó la economía. Alberto Fujimori, electo presidente en el Perú, también desarrolló una línea similar, línea que se ha extendido por todo el subcontinente. La tendencia fue la reelección de los gobernantes de centro-derecha, para ampliar el tiempo que fuera necesario el ajuste y "apaciguar" a la izquierda. En líneas generales, lo que ocurrió fue una adhesión al modelo del Consenso de Washington y a la nueva agenda democrática.

Incluso Bolivia, un país históricamente caracterizado por la inestabilidad política y financiera, con golpes de Estado y ciclos de hiperinflación, pasó a tener gobiernos estables y una política monetaria que disminuyó la inflación. Chile y Paraguay se vieron presionados por Estados Unidos para que se redemocratizaran, lo que aconteció en 1989, pero el modelo neoliberal se mantuvo (como en Chile que antecedió a la globalización). En Chile, la llamada *Concertación* formalmente pactó que el modelo económico no pudiera ser alterado. En Ecuador, a pesar de los diversos conflictos que produjeron el derrocamiento de presidentes a lo largo de este periodo, también se dolarizó la economía y se mantuvo el modelo neoliberal. Colombia, a su vez, osciló entre la autonomía y la subordinación alineada con los Estados Unidos, además los conflictos internos y la agenda de seguridad dominaban la vida del país. Venezuela fue la gran sorpresa (será analizada más adelante), pues la política neoliberal de Carlos Andrés Pérez generó una crisis tan profunda que abrió camino al fenómeno de Chávez.

En el contexto del Consenso de Washington, las nociones de desarrollo, intereses y soberanía nacional fueron en gran parte abandonadas, y el culto al americanismo caricatural revivió, ante una apertura considerada "inevitable" y la promesa de inclusión a la modernidad. Los nuevos gobiernos electos, como Collor en Brasil y Menem en Argentina, fueron representantes de esta adhesión sin condiciones, que se extendió de forma generalizada por América Latina (Perú, Bolivia, Ecuador, México, entre otros).

En Argentina, el ministro Cavallo estableció el dólar en pesos de paridad, una forma de dolarización informal, que encareció las exportaciones del país (que además se concentraban en productos primarios como la carne, el trigo y el petróleo, que son extremadamente frágiles a los cambios en la economía internacional), la privatización de sectores estratégicos para los inversores extranjeros y el amplio desmantelamiento del Estado. El Brasil de Collor siguió el mismo camino: el gobierno redujo drásticamente su papel en la economía promoviendo unilateralmente la apertura del mercado interno y privatizando las empresas estatales más rentables. En ambos casos, estas medidas se justificaban por la necesidad de reducir el déficit del Estado y promover el ingreso de capital. En pocas palabras, la entrada de estos recursos alivió el déficit de la balanza de pagos, debido a la repentina caída de las exportaciones y el aumento de las importaciones. Todo esto se justificó con un razonamiento ultraliberal, mientras que la izquierda sufría los efectos de la caída del socialismo en Europa del Este.

A nivel exterior se buscaba una alianza privilegiada con Estados Unidos a cambio de beneficios, regresando de nuevo a la alineación, bien simbolizada con la expresión "relaciones carnales" utilizada por la diplomacia argentina La presión de ganar la tesis de la única superpotencia refuerza esta imagen. La contracción diplomática, el vaciamiento y el agotamiento de los patrimonios nacionales fueron el resultado. Por otra parte, la Argentina de Menem, así como Chile, eran considerados por los principales medios como modelos triunfantes, lo que calificaría a estos países para el establecimiento de relaciones económicas privilegiadas con Washington. En realidad, se trataba de ejercer presión sobre Brasil, que se estaba demorando en adherirse plenamente a la nueva agenda. Estados Unidos necesitaba revertir el déficit comercial que tenía con la región, lo que sucedía siempre que los países abrían y dolarizaban sus economías.

La propia creación del MERCOSUR se ajustaba a estas tendencias. En respuesta a la IA, la cooperación brasileño-argentina fue transformada por el equipo de la ministra de Economía Zelia Cardoso de Mello, en una integración que incluía a Uruguay y Paraguay, países que practicaban aranceles externos muy bajos, con el objetivo de acelerar la reducción de las nuestras. Dicho de otra forma, el eje Brasilia-Buenos Aires en la década de 1980, parcialmente autonomista y desarrollista, se tiñó de colores neoliberales. En marzo de 1991, se firmó el Tratado de Asunción, que creó el Mercado Común del Sur (MERCOSUR), que reúne a Brasil, Argentina, Paraguay y Uruguay. El plazo inicial de los acuerdos entre Sarney y Alfonsín se redujo casi a la mitad. El Ministerio de Relaciones Exteriores no tenía una participación sustancial en la política exterior de Collor. Por el contrario, a veces trató de minimizar sus efectos.

Sin embargo, a diferencia de Argentina y otros países que se adhirieron plenamente al modelo, profundizando su desindustrialización y fragilidad socioeconómica, el ciclo neoliberal se terminó en Brasil debido a la renuncia del presidente Collor de Mello, en 1992 (que fue el que inauguró el ciclo neoliberal en Brasil). El periodo del vicepresidente Itamar Franco fue bastante positivo, pues congeló los procesos de privatización, defendió la importancia de la soberanía nacional y destacó la necesidad de la participación del Estado en la economía de un país en desarrollo como Brasil.

De 1992 a 1994, la nueva diplomacia procuró distanciarse del neoliberalismo, pero los desacuerdos con los EE.UU. mantuvieron un bajo perfil. Sin embargo, Brasil respondió al TLCAN, lanzando en 1993 la Iniciativa del Área de Libre Comercio Sudamericana (ALCSA), y establecimiento, entre los países sudamericanos y los africanos, la Zona de Paz y Cooperación del Atlántico Sur (ZoPaCAS), una estrategia de círculos concéntricos a partir del MERCOSUR. La primera instaba a las demás naciones sudamericanas –como Venezuela, Chile y Bolivia– a asociarse a través de la negociación de acuerdos de libre comercio, y la segunda buscaba ampliar la cooperación Sur-Sur.

La estructura institucional final del MERCOSUR fue establecida con el Protocolo de Ouro Preto, el 17 de diciembre de 1994, terminando con el periodo de transición al crear el Arancel Externo Común (AEC), que se vio facilitado por la estabilidad que había logrado la implementación del Plan Real en ese mismo año, bajo la responsabilidad de Fernando Henrique Cardoso, quien luego sería electo presidente. Sin embargo, el escenario latinoamericano era muy diferente: la crisis socioeconómica y la estabilidad política propiciarían el regreso de intentos de golpe de Estado en países como Perú y Venezuela y revueltas populares en Argentina, Bolivia y Paraguay.

Venezuela siguió un camino opuesto, después de varios levantamientos, intentos de golpe (uno protagonizado por Chávez), la elección de Rafael Caldera, quien ejecutó una política heterodoxa, terminó con el colapso de las instituciones venezolanas. Con la elección de Hugo Chávez se inició una profunda transformación económica y política interna revirtiendo las privatizaciones. A nivel exterior, Chávez imprimió un nuevo dinamismo en la Organización de Países Exportadores de Petróleo (OPEP), defendiendo la elevación de los precios del petróleo para financiar su gobierno, así como aproximándose a Estados-parias como Irak, Irán y Cuba. Sin embargo, la ausencia de soluciones inmediatas para los graves problemas del país, el voluntarismo de la presidencia, junto con la creciente oposición a Estados Unidos, llevaron a una situación de inestabilidades, acusaciones de autoritarismo y a un golpe fallido contra el propio Chávez que, sin embargo, logró mantenerse en el poder. Obligado a aceptar un plebiscito sobre su permanencia en el poder, lo ganó, demostrando su popularidad

A su vez, dado el éxito del Plan Real, Brasil retomó la agenda neoliberal en el gobierno de Fernando Henrique Cardoso, quien rescató el proyecto iniciado por Collor de forma mejor articulada. Las líneas de acción prioritarias

fueron las siguientes: avanzar en el camino de la integración regional, profundizar el MERCOSUR, estimular la
estrategia de desarrollo de los regímenes internacionales,
actuar con las organizaciones económicas multilaterales, en
especial con la Organización Mundial del Comercio (OMC),
y concertar esfuerzos para limpiar la agenda bilateral con
Estados Unidos como forma de conseguir un asiento permanente en el Consejo de Seguridad de la Organización
de Naciones Unidas (CSONU). Por otra parte, el enfoque
de la política regional cambió la concepción de América
Latina para América del Sur (después de todo, México se
sumó al TLCAN) teniendo al MERCOSUR como un núcleo
estratégico

Desde 1994, un factor de presión sobre el MERCOSUR
fue la creación del ALCA y la posición de Argentina en la era
Menem / Cavallo, que buscaba la alineación con Estados
Unidos y que tuvo un modelo económico de profundo
corte neoliberal, como ya se ha descrito. En diciembre de
1994, Brasil estuvo de acuerdo, con reluctancia, en iniciar
las negociaciones, sobre la base de la valoración de que si
hubiese optado por obstruir u oponerse al proceso se en-
contraría aislado del continente y en confrontación directa
con EE.UU. Por lo tanto, la posición brasileña promovió
la constante defensa del multilateralismo, las relaciones
económicas y comerciales y la defensa de los planes de
integración regional, siempre tratando de ganar tiempo
sobre el ALCA, pero sin oponerse frontalmente a éste.
Una virtual concreción del ALCA significaría el fin del
MERCOSUR en términos políticos y económicos, haciendo
imposible el AEC.

Mientras tanto, los EE.UU. mantenían una presión adi-
cional sobre Brasil, con la apertura de negociaciones para un
TLC (como el TLCAN) con Chile, colocando a este país y a
Argentina como modelos neoliberales de éxito, mientras que
Brasil estaba "a medio camino". Lo que importaba era crear

un clima para que los países de América del Sur tuvieran presente que había una alternativa fuera del MERCOSUR. Sin embargo, en el periodo 1991-1997, el comercio intrarregional mostró aceleradas tasas de crecimiento y avanzó en los ámbitos político-estratégicos, para profundizar los mecanismos de concertación y de decisiones conjuntas (con énfasis en la "cláusula democrática" decisiva en la consolidación de regímenes democráticos en la región, especialmente en la crisis paraguaya). No obstante, estos aspectos no se completaron, llevando, a partir de la crisis de 1999, al agotamiento del MERCOSUR en su camino a su forma actual.

La crisis y las alternativas: las relaciones sociales y nacionales

La crisis en los mercados emergentes tuvo repercusiones directas en América del Sur, porque las economías eran altamente vulnerables y todavía tenían poco que ofrecer a los capitales especulativos. Una serie de explosiones sociales y reacciones nacionales se han esbozado desde entonces. Los piqueteros argentinos (bloqueando carreteras), los movimientos cocaleros indígenas y los movimientos de los trabajadores en Bolivia, Perú y Ecuador; el Movimiento de Trabajadores Rurales Sin Tierra (MST) en Brasil, los sectores populares de Venezuela y los diversos grupos sociales en Argentina y Uruguay, se manifestaron de forma violenta. Estas acciones ocurrieron durante la manifestación de crisis económicas y políticas, con enormes repercusiones políticas y sociales. El presidente de Venezuela regresó al poder tras el fallido golpe de 2002, dos presidentes ecuatorianos y uno boliviano fueron derrocados por adoptar políticas neoliberales. Se trataba de movimientos considerados históricamente superados, pero demostraron una enorme capacidad de movilización.

Es preciso reconocer que en América del Sur, la *cuestión nacional* juega un papel decisivo, ya que el proceso de privatización por lo general significó la desnacionalización. Por lo tanto, buscar la integración con los vecinos no es sólo "jugar el juego de las multinacionales", como afirmaban los sectores izquierda. Se sabe que el ALCA encontraba en el MERCOSUR un obstáculo para el proyecto de poder estadounidense en el subcontinente, que lo consideraba una herramienta que podría permitir a los gobiernos progresistas generar proyectos populares, en un marco de autonomía relativa en la región. Los regímenes sudamericanos "políticamente incorrectos" fueron denunciados por los conservadores y los liberales por su carácter *populista-nacionalista* y el intento de integración sudamericana ha sido constantemente criticado como una acción irresponsable de líderes aventureros que vuelven al pasado.

El mayor temor de estos sectores, y de sus aliados internacionales, es ver movimientos populares asumiendo el poder y construyendo alianzas regionales que viabilicen un proyecto alternativo al neoliberalismo. En Brasil, por ejemplo, los órganos estatales dominados por políticos desarrollistas encargados de construir infraestructura física sudamericana fueron atacados por los medios de comunicación, y algunos de sus dirigentes fueron derrocados. Es decir, parte de la lucha política tiene lugar dentro de los propios gobiernos en el poder. Es importante prestar atención a la eliminación de ciertos ministros, generalmente denunciados por "corrupción".

Con la expansión de la crisis financiera en la región, Brasil devaluó drásticamente el real y Chile adoptó controles sobre el flujo de capital. Pero Argentina y Uruguay, las economías dolarizadas, no pudieron alterar las políticas vigentes. La crisis del real, a su vez, condujo a la crisis del propio MERCOSUR, que afectó gravemente a Argentina. Una de las razones por las que la profundización del MERCOSUR no había ocurrido fue la postura argentina. Ni siquiera la elección de De La Rúa, sustituyendo a Menem, cambió la inclinación al modelo neoliberal.

Tuvo lugar el sabotaje del AEC para facilitar la aplicación del ALCA, a pesar de que las relaciones comerciales entre Estados Unidos y Argentina no eran favorables o complementarias (sólo el 8% de las exportaciones argentinas se destinaban a ese país, y los productos de ambos competían en terceros países). Sin embargo, como se indica en la lógica, el modelo no se sostuvo. Una larga recesión y el desprecio absoluto por parte de la población, culminaron con la explosión social de diciembre de 2001, la renuncia de De La Rúa, seguidas por numerosas disputas por el poder, y el colapso de la economía.

La crisis no fue peor a las ocurridas anteriormente porque Argentina tuvo acceso al mercado brasileño, manteniendo el superávit comercial. Sin embargo, cuando Brasil comenzó a enfrentar las inflexiones de su modelo, entre 1998 y 1999, y se da la devaluación cambiaria luego de la reelección de Fernando Henrique Cardoso, la situación se volvió insostenible para este socio del MERCOSUR (la era de las ganancias fáciles por la integración también se había agotado). Las deficiencias del Plan Real, que contribuyó en la devaluación, como el tipo de cambio fijo, el aumento del déficit comercial, el bajo crecimiento y el desempleo, junto con las crisis financieras como la de Asia, en 1997, y la de Rusia, en 1998, obligaron al gobierno a revisar su agenda. Todo el escenario global en el que el gobierno basó su inserción internacional comenzó a desarticularse: el discurso de la adhesión subordinada a la globalización neoliberal fue sustituido por la crítica a la globalización asimétrica.

Aunque Venezuela, con Chávez, ahora presente un discurso de contenido similar, la articulación de las iniciativas de América del Sur sólo se comenzó a concretar con el liderazgo de Brasil. Debemos recordar que incluso antes, Brasil ya jugaba un papel en la reorganización del pensamiento de la izquierda, promoviendo, a partir de enero de 2001, la realización del Foro Social Mundial en Porto Alegre. Después de esta siguieron otras ediciones del Foro, que han representando un importante proceso en la búsqueda de un modelo alternativo.

Frente a estas iniciativas, y presionados por la realidad misma, los demás países de América del Sur convergieron sus políticas con las propuestas brasileñas, culminando en la Cumbre de Brasilia, celebrada el 31 de agosto y el 1º de septiembre de 2000. Dada la crisis económica local, las presiones de las negociaciones del ALCA (e incluso el Plan Colombia) y las dificultades de la evolución comercial de la región, el foco de la reunión fue la integración en infraestructura de transporte, energía y comunicaciones. Estas negociaciones de dimensión sudamericana han avanzado positivamente a pesar de las dificultades, siendo un elemento de continuidad entre los gobiernos de Cardoso y Lula. En 2004 se formalizaron el acuerdo entre el MERCOSUR y el Pacto Andino y la primera reunión de la Comunidad Sudamericana de Naciones (CASA), que en 2007 se convirtió en la Unión de Naciones Suramericanas (UNASUR). Como se ha mencionado, el proceso del ALCA entró en un punto muerto, principalmente después del 11 de septiembre de 2001.

Frente a un escenario también caracterizado por dificultades, las naciones de la región trataron de superar sus vulnerabilidades y renovar su inserción internacional con la creación de esta agenda alternativa. Parte importante de este proceso en los últimos años ha sido la elección de gobernantes de tendencia más cercana a la izquierda, especialmente el ascenso de Lula a la presidencia de Brasil, Néstor Kirchner (Cristina Kirchner después) en la Argentina, Rafael Correa en Ecuador, Tabaré Vásquez en Uruguay, Evo

Morales en Bolivia, Michelle Bachelet en Chile y el obispo Lugo en Paraguay, que se sumaron al presidente Chávez de Venezuela. Por otra parte, el gobierno de Toledo en Perú también alteró su política en direcciones similares. Además, luego de la eclosión de numerosas protestas populares, este también fue el caso de su sucesor, Alan García.

Posteriormente, este movimiento se ha extendido a Centroamérica, con gobiernos progresistas en Nicaragua, Honduras (recientemente derrocado en un golpe de Estado) y El Salvador. El protagónico Chávez, con los inmensos recursos de sus petrodólares, al tiempo que solicitó su adhesión al MERCOSUR (y salirse de la Comunidad Andina de Naciones, por las rivalidades con la Colombia de Uribe), lanzó junto con Cuba, Bolivia, Ecuador y algunas naciones caribeñas y centroamericanas la Alianza Bolivariana de las Américas (ALBA), una coalición de militantes contra el ALCA. Mientras tanto, el líder venezolano ha mantenido una política exterior activa, buscando alianzas en su discurso, criticando a Estados Unidos y avalando o promoviendo propuestas de alto impacto en América del Sur como el Banco del Sur, un gasoducto y un oleoducto sudamericano y una red de medios latinoamericana.

La elección de Lula causó mucha preocupación, muchos esperaban un comportamiento internacional basado en visiones ideológicas y un presidente sin preparación. Pero lo que evidenció fue una diplomacia que tiene sentido táctico-estratégico, con visión de largo alcance, que simboliza y coordina el movimiento de la resistencia y la búsqueda de una alternativa a la globalización en América Latina que alcance dimensiones globales. El énfasis de la época de Cardoso se invirtió, lo que implicó un cambio significativo en materia de política exterior, que consiste en una diplomacia de *alto perfil* que recuperó la centralidad de la cuestión nacional. Para sorpresa de la oposición brasileña, las relaciones Brasil-Estados Unidos durante el gobierno del entonces presidente estadounidense George W. Bush, fueron bastante cordiales y se mantuvo la autonomía del país.

A pesar de que el presidente Kirchner en Argentina puso de manifiesto la voluntad de cambiar la política económica, abandonando el neoliberalismo y retomando un modelo basado en la inversión pública y la lucha contra la pobreza, las tensiones con Brasil no han sido totalmente eliminadas. En el periodo 2003-2005 creció una cierta resistencia contra el liderazgo de Brasil, aunque inicialmente el gobierno había manifestado su deseo de establecer una alianza estratégica con el MERCOSUR, y cooperar activamente en la integración sudamericana, estableciendo una actitud de equidistancia frente a los Estados Unidos. Bajo la presión de sindicatos e industrias domésticas, Kirchner impuso medidas proteccionistas sobre algunos productos brasileños en prejuicio del MERCOSUR.

La ambivalencia Argentina frente a Brasil en América del Sur (y su lucha para conseguir un asiento permanente en el CSONU), así como el distanciamiento de Chile, manteniendo una política de atracción del mercado de estadounidense, son factores que debilitaron, mas no eliminaron, estos intentos de autonomía. Además de volcarse a su integración, la región, con Brasil al frente del proceso, estableció asociaciones estratégicas con otros continentes que enfrentan desafíos similares, como África, Asia y Medio Oriente, fortaleciendo y profundizando las relaciones con China, Rusia, Sudáfrica e India. La defensa de esta agenda social, el establecimiento de un sistema multilateral multipolar, y el principio de democratización de las relaciones internacionales, se exhortan explícitamente.

Estas iniciativas, que vinculan a América del Sur a esos otros ejes de poder, se han plasmado en contactos diplomáticos de alto nivel, tales como la Cumbre de América del Sur y los Países Árabes (ASPA) y la Cumbre de América del Sur y África (ASA), y el fortalecimiento de alianzas de geometría variable en el ámbito de la cooperación Sur-Sur, e incluso en el de Norte-Sur. Más específicamente la asociación Norte-Sur refiere al G-4, compuesto por Brasil, India, Japón y Alemania, que buscan reformar el CSONU. Sin embargo, es en la cooperación Sur-Sur que estas acciones se destacan: las iniciativas del G-3, también conocido como IBSA, una coalición entre India, Brasil y África del Sur, y el G-20 comercial.

El G-3 promueve la cooperación trilateral, la liberalización del comercio recíproco y la unificación y el fortalecimiento de posiciones en foros multilaterales. Las negociaciones implican al MERCOSUR, la Unión Aduanera del África Meridional y, posiblemente, al Área de Cooperación Regional del Sur de Asia. Los tres grupos de países manifestaron también el deseo de atraer a Rusia y China al grupo en una segunda etapa, transformándolo en un G-5 (que reúne a casi la mitad de la población mundial y una porción considerable de la producción, pudiendo influir significativamente en las negociaciones multilaterales). El G-20 fue articulado por la diplomacia brasileña como una red de países en desarrollo que se ven afectados por el proteccionismo y por los subsidios agrícolas del primer mundo, logrando que su voz se manifestara en un encuentro de la OMC en 2003 en Cancún, y que continúe activa en los demás encuentros y rondas comerciales.

En conjunto, todos estos acontecimientos tuvieron un impacto sobre las negociaciones del ALCA. Las posiciones de Brasil y Estados Unidos no cambiaron y las negociaciones fueron simplemente dejándose de lado, sin una ruptura formal. No hubo convergencia de agendas, y se repitieron las líneas de enfrentamiento de la OMC: mientras que Brasil y sus aliados quieren negociar el proteccionismo comercial, los subsidios agrícolas y la protección a las industrias menos desarrolladas en Estados Unidos; los estadounidenses quieren la liberación de los sectores de servicios, inversión, compras gubernamentales, y discutir temas relacionados con la propiedad intelectual. En cuanto a la disposición, predomina la cuestión de compatibilizar los acuerdos preexistentes al ALCA (la posición de Brasil) o su disgregación (defendido por EE.UU.).

Por lo tanto, lo que se observa es el retorno de América del Sur, y su protagonismo diplomático, en el proceso de integración, con la afirmación paralela de agendas internas de desarrollo económico y social. Por otra parte, la acción diplomática de América del Sur, no sólo se circunscribe a nivel regional, sino también a una acción concertada en el ámbito global. Con todo, la situación interna no es estable, porque las condiciones socioeconómicas han sufrido un deterioro grave y, peor aún, no hay formación de una nueva hegemonía proporcional al desgate neoliberal. La disputa política en Bolivia, el creciente protagonismo regional del gobierno de Chávez, e incluso el agotamiento del modelo chileno, apuntan a una polarización política de América del Sur.

Conclusiones y perspectivas

En qué medida la evolución reciente de América del Sur produjo un proceso irreversible, aún es incierto. El Consejo de Defensa propuesto en el marco de UNASUR ha resuelto conflictos o ha creado mecanismos para su solución en el plano regional (la rivalidad Venezuela-Colombia-Ecuador, el separatismo en Bolivia). Pero la agenda del nuevo gobierno de Obama, a su vez, al tiempo que mitiga las diferencias estratégicas en Eurasia, parece apuntar a un fortalecimiento de la presencia militar en Colombia y a una falta de inversión en la recreación de la Cuarta Flota de Estados Unidos en el Atlántico Sur. Estas acciones son indicios favorables para las élites liberales proamericanas y su esperanza de revertir los gobiernos progresistas de la región, ya sea por la vía electoral o a través de golpes de Estado, como en Honduras (aunque Zelaya no era propiamente "progresista"). En este contexto, la agenda de política exterior se tornó en objeto de disputa electoral interna.

De cualquier forma, es importante resaltar que la región sudamericana se sigue manteniendo estrictamente en el marco de la democracia. Más que una "ola de izquierda y socialista", lo que se observa es el retorno de una agenda social, de desarrollo (sin abandonar completamente al neoliberalismo) y autonomista en el nivel diplomático, con énfasis en la integración (que aparece como un proceso largo y complejo). Los "regímenes progresistas" no sólo son muy diferentes (las del Cono Sur son democracias plenamente institucionalizadas); además su agenda diplomática posee elementos de tensión. Esto se complica con la firma de tratados de libre comercio de países pequeños con los Estados Unidos, y con el hecho de que la política exterior colombiana se identifique fuertemente con Washington. Por otro lado, los gobiernos populares (o "populistas"), de carácter más militante, están construyendo empíricamente nuevos regímenes y sustituyendo a las élites oligárquicas que se desintegran.

También debemos considerar la presencia de nuevos actores globales en la región de creciente impacto económico, como China y la India. El perfil de la crisis internacional que comenzó en 2008, a su vez, también ejercerá una influencia significativa en los países del subcontinente. Por su parte, por primera vez en la historia América del Sur ha alcanzado un grado significativo de proyección internacional y todavía se desconoce qué alcance tendrá y si los gobiernos locales actuarán a la altura de las nuevas realidades. La llamada "carrera armamentista" sudamericana no afecta las relaciones entre los Estados de la región, y representa más un discurso político que una realidad tangible.

El impacto de la crisis financiera en México, el regreso de los golpes de Estado legitimados internacionalmente (Honduras), la tragedia humanitaria causada por el terremoto en Haití, la recesión europea y los nuevos desafíos que emanan desde Estados Unidos, apuntan a la necesidad, y paradójicamente, a una mayor posibilidad de avanzar en los proyectos de integración. Debido a la propagación de acuerdos bilaterales de libre comercio entre Washington y varios países de América Latina, se han creado nuevas condiciones para la convergencia de proyectos de emancipación como el ALBA, el MERCOSUR, y la UNASUR. Tal vez sea prematuro pensar que se establecerá una Unión de América Latina y el Caribe, pero al menos estará abierto el camino para una construcción política gradual en esa dirección.

Comunidad de Estados Latinoamericanos y Caribeños: ¿es una opción viable para consolidar el multilateralismo y la integración latinoamericana?

Francisco Rojas Aravena[151]

Integración regional: la importancia de construir un sentido estratégico[152]

La integración es un medio para alcanzar metas políticas, económicas, sociales y culturales. Es un camino que debería posibilitar que mejoren las condiciones para la inserción internacional, para ampliar y consolidar el desarrollo otorgándole sustentabilidad, a la vez que mejora el bienestar de la población, y consolida la estabilidad y la paz. Lo anterior significa que la integración debe constituirse en un proyecto político estratégico. La base esencial para ello es pensar y sentir de manera compartida, para construir una voz común en áreas sustantivas que permitan alcanzar las metas antes señaladas.

Este proyecto político estratégico,[153] promovido por los procesos de integración, es necesario en tiempos de globalización. La globalización es el factor que mayor incidencia

---

[151] Secretario General de la Facultad Latinoamericana de Ciencias Sociales (FLACSO).

[152] Para ver más sobre esta temática ir a Rojas Aravena, Francisco (2007), *La Integración Regional: un proyecto político estratégico*, III Informe del Secretario General. FLACSO-Secretaría General, disponible en línea: www.flacso.org; Rojas Aravena, Francisco (2009), *Integración en América Latina: acciones y omisiones; conflictos y cooperación*, IV Informe del Secretario General, FLACSO-Secretaría General, disponible en línea: www.flacso.org

[153] Rojas Aravena, Francisco (2007), *op. cit.*

posee en el sistema de actores y agentes económicos, políticos, sociales y culturales, tanto en jerarquización de éstos como en sus capacidades de acción y reacción. Dicho fenómeno –entendido en sus múltiples componentes y no sólo en el económico y comercial– es el factor crucial en las relaciones de poder mundial, con la excepción del poder militar. El peso de las variables externas es cada vez mayor en la política doméstica, estableciendo condicionalidades sobre las decisiones del desarrollo nacional impensables en la lógica del "orden wesfaliano". De allí la importancia de generar visiones, orientaciones y coordinaciones sobre este conjunto de acelerados cambios.

La emergencia de una nueva agenda internacional, en donde crecientemente se ubican temas globales, obliga a la región latinoamericana a diseñar respuestas coordinadas entre los Estados, y entre éstos y los actores no estatales, para enfrentar estos nuevos procesos y sus consecuencias nacionales y regionales. La asociación para la cooperación aparece como una demanda efectiva que se debe enfrentar si se quieren satisfacer los intereses nacionales. De allí la necesidad de superar las deficiencias del multilateralismo y avanzar hacia un modelo de mayor cooperación, dentro de un marco que busque concitar reglas básicas de convivencia y las normas que posibiliten una vida en común que aminore el conflicto y la polarización, y que potencie la participación y la consulta entre los países de la región.

Sin embargo, hasta el momento la región ha demostrado ser incapaz de plantear y seguir un proyecto político estratégico que le permita presentarse como actor importante y unido en el escenario internacional. La fragmentación que evidencian América Latina y el Caribe posee consecuencias negativas importantes para los países de la región, particularmente porque los hace más vulnerables al impacto de la globalización, dejan de percibir los frutos de los aspectos positivos que se tienen al definir los

instrumentos con los cuales lidiar con la globalización, y
se abren mayores espacios para el impacto del lado oscuro
de la globalización y de sus guerras. En síntesis, aumentan
los costos de transacción para todos, independientemente
del tipo de proyecto político nacional que se impulsa.

A pesar de que los procesos de integración latinoamericanos muestran importantes flaquezas, no se puede obviar
que durante los últimos años se desarrollaron en América
Latina y el Caribe enjundiosas iniciativas y acuerdos que
podrían contribuir a generar un mejor clima de oportunidades a dichos procesos. Se ha establecido y desarrollado
una serie de nuevas iniciativas tendientes a la conformación de acuerdos de libre comercio, uniones aduaneras o
sistemas de integración amplios, orientados hacia la conformación de comunidades comerciales-económicas y/o
políticas subregionales. Estas renovadas iniciativas buscan
superar procesos de integración de larga data, la mayoría
provenientes de fines de la segunda posguerra mundial.

Línea del tiempo, mecanismos de integración en América Latina y el Caribe. 1940-2010

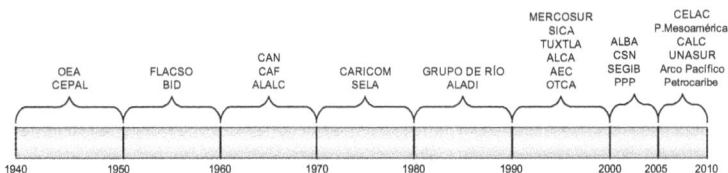

					MERCOSUR SICA TUXTLA ALCA		CELAC P.Mesoamérica CALC UNASUR
OEA CEPAL	FLACSO BID	CAN CAF ALALC	CARICOM SELA	GRUPO DE RÍO ALADI	AEC OTCA	ALBA CSN SEGIB PPP	Arco Pacífico Petrocaribe

1940	1950	1960	1970	1980	1990	2000	2005	2010

El resultado neto de este fenómeno, sin embargo, se
expresa en un "exceso" de iniciativas y propuestas referidas
a los procesos de integración que, no obstante su relevancia
política y a pesar de ella, no han sido capaces de articular
una visión más global de la región, y más bien han tendido
a fragmentarla. Por el contrario, en términos comerciales
en algunas subregiones, los avances parecieran ser más
evidentes.

Es importante privilegiar la dimensión política y de cooperación de los procesos de integración. Independientemente de la importancia que con razón se atribuye a las agendas complementarias de competitividad, de innovación y de apoyo al libre comercio en la mayor parte de los países de la región, resulta necesario enfatizar que la integración como objetivo histórico no puede y no debe ser equiparada con los procesos de apertura comercial. De hecho, esta apertura sólo tiene sentido –en una perspectiva de largo plazo– si viene acompañada de procesos de armonización y articulación regional crecientes, basados en un efectivo diálogo político, en un conjunto de entendimientos compartidos, y sustentados en una adecuada normativa y acompañados por una mínima estructura institucional, que pueda darle seguimiento a los acuerdos, como una de las tareas esenciales para afianzar el proceso.

Los temas clave que inhiben a los procesos de integración continúan siendo de naturaleza principalmente política. Esto tiene que ver con la ausencia de incentivos lo suficientemente grandes como para vencer la falta de voluntad de los países de la región de trasladar, a entidades supranacionales, potestades que hasta la fecha siguen siendo celosamente preservadas como parte del fuero interno del Estado nación, definido en su acepción más tradicional. El tránsito desde la soberanía tradicional a una de carácter agregado, a una soberanía mayor producto de la asociación, es aún lento. Los tiempos de construcción de acuerdos vinculantes y de marcos institucionales de complementación y asociación efectivos son prolongados.

En la actualidad, los procesos integradores sufren de un déficit de certidumbre respecto a la aplicación de los acuerdos adoptados. Éstos, incluso siendo vinculantes, no se cumplen, y ello es el resultado, entre otras razones, de las debilidades en las normas y reglas jurídicas. Sin un mayor peso institucional que sea capaz de efectivizar los acuerdos presidenciales y ministeriales en propuestas específicas y en normas nacionales vinculantes, los agentes económicos tendrán pocos incentivos para realizar inversiones y desarrollar los procesos que se busca fomentar. Por el contrario, se genera una fatiga con el proceso integrador que redunda en su retroceso; y esto en definitiva se manifiesta en acuerdos y consensos de más alto nivel que no se traducen en cursos de acción efectivos, que se manifiestan en percepciones cada vez menos positivas. A ello se suma la menor legitimidad que tiene la integración política respecto a la económica en las poblaciones. Los latinoamericanos y las latinoamericanas apoyan en un 71% la integración económica de América Latina, frente a un 59% que apoya la política. En ningún país de la región esta tendencia se revierte.[154] Una posible línea de acción para romper esta inercia, sería plantearse que la inversión más rentable es aquella que se hace para invertir en credibilidad, y también para desarrollar mecanismos de confianza recíproca para fortalecer los procesos de integración.

La construcción de un sentido estratégico requiere de una visión que marque un derrotero, que defina las metas que quieren ser alcanzadas, que establezca los recursos – humanos, materiales, tecnológicos– e instituya los cursos de acción preferentes, a partir de una cada vez mayor coordinación entre los principales actores involucrados en el proceso.

La carencia de una visión estratégica genera mayores dificultades políticas, abre más espacio para los conflictos, tiende a diferenciar y polarizar los intereses y las asimetrías aparecen como insuperables. De allí que la construcción de un sentido estratégico será un factor crucial para el éxito de los procesos de coordinación para incrementar las complementaridades y los procesos de integración en América Latina y el Caribe.

---

[154]   Corporación Latinobarómetro (2010), *América Latina Mira al Mundo. Globalización y las relaciones con otros países del mundo*, Santiago, Chile. Disponible en línea: www.latinobarometro.org

Como un intento de fortalecer la integración política,
se observa en la región la creación y el fortalecimiento de
esquemas de integración cuyo énfasis tiende más hacia el
diálogo, la concertación, la cooperación y la construcción
de visiones compartidas.

Multilateralismo e integración regional

En el marco institucional global, el multilateralismo
continúa en crisis, tanto en la dimensión política como en
su dimensión económica y comercial. Los desafíos globales –cambio climático, crisis financiera, agrícola, de agua
y otros, ampliación de los lícitos transnacionales, etc.– se
incrementan generando tensiones e incertidumbre. La
globalización aumentó la interdependencia sin generar
avances paralelos en la construcción de bienes públicos
globales. La gobernanza global es débil al igual que la
institucionalidad requerida para ella. La Organización de
Naciones Unidas (ONU) quedó debilitada con la política
del unilateralismo radical de la administración estadounidense de George W Bush. Las instituciones financieras
internacionales están altamente deslegitimadas y el fracaso
de la Ronda de Doha debilita la Organización Mundial del
Comercio. La crisis financiera ha dejado de lado a la ONU
y el G-20 ha asumido un rol frente a ella. Tres países de la
región participan en este Foro, pero con baja coordinación,
y por ende, con reducidas capacidades de incidencia.

En tiempos de globalización, el peso de las variables
externas sobre la política doméstica es cada vez mayor, estableciendo no sólo nuevos retos y desafíos, sino también
condicionalidades globales y específicas sobre las decisiones en el desarrollo nacional. En este contexto, un efectivo
multilateralismo cooperativo se vuelve indispensable, pues
fomenta la creación de espacios de debate, la construcción

de consensos, e incorpora más actores al debate respecto a las definiciones y cursos de acción. Además, promueve marcos institucionales flexibles para la participación y vinculación con diversos actores. Un multilateralismo efectivo democratiza las decisiones sobre los bienes públicos internacionales y establece un marco conceptual que posibilita nuevos diseños para una arquitectura global y regional. También desarrolla nuevas redes de vinculación y coordinación sobre temas específicos. Por último, una de sus funciones fundamentales es que incorpora el valor de la identidad en el contexto de la interdependencia global.

América Latina en el mundo

América Latina y el Caribe se han diversificado y diferenciado de manera creciente. La región es cada vez más plural y diversa. Las formas y tipos de inserción internacional de los países de la región responden a miradas político-estratégicas distintas. Si bien América Latina no ocupa un espacio relevante en la agenda internacional, es importante destacar que para España es un lugar privilegiado para sus inversiones. La Unión Europea destina a esta región una importante cooperación internacional. China ha incrementado su presencia y peso en el comercio regional. Irán también busca un acercamiento con la región, incluso más allá de la mano que le tiende Venezuela.

El panorama estratégico latinoamericano y caribeño ha cambiado. Estados Unidos estuvo ausente en la región. Hoy día con cierta sorpresa constata que Rusia ha incursionado con su flota en esta área, y que los contactos diplomáticos de los países de la región se han diversificado y universalizado de manera efectiva. El peso de Brasil, la décima economía del planeta, se ha incrementado y ejerce un rol cada vez mayor. Las alianzas en el BRIC (Brasil, Rusia, India, China) y BISA (Brasil, India, Sudáfrica), así como la iniciativa de diálogo con países árabes y africanos en el contexto de los vínculos sudamericanos con dichas regiones, incrementan su espacio de acción en el mundo y en la región. México, por su parte, también una de las economías más significativas en el mundo, ha buscado retomar su espacio de diálogo e incidencia en la región, particularmente en el área centroamericana después de un periodo de ausencia, e incluso de tensiones durante la administración Fox. El presidente Calderón ha desarrollado una activa política hacia la región latinoamericana. Cabe destacar también que Venezuela, en la administración del presidente Chávez, ha generado iniciativas cada vez más importantes. Especial significación posee el ALBA (Alternativa Bolivariana para las Américas) y el Plan Petrocaribe asociado a esta iniciativa.[155]

Los procesos de integración regional, si bien muestran déficits en consistencias importantes, también evidencian un trabajo constante que ha incrementado la autonomía política de la región. El hecho de que los acuerdos de la Cumbre de América Latina y el Caribe sobre Integración y Desarrollo (CALC) y del Grupo de Río converjan hacia una iniciativa común, impulsada por Brasil y por México, debe entenderse en este contexto de mayor autonomía de la región.

La Cumbre de América Latina y el Caribe: la propuesta brasileña

Los días 16 y 17 de diciembre de 2008, por iniciativa del gobierno de Brasil, representantes de los 33 países latinoamericanos y caribeños se reunieron en Costa de

---

[155]   Altmann, Josette (Editora), *América Latina y el Caribe: ALBA, ¿una nueva forma de Integración Regional?*, FLACSO / TESEO y Fundación Carolina, en prensa.

Sauípe, Bahía, Brasil, para llevar a cabo la primera Cumbre de América Latina y el Caribe sobre Integración y Desarrollo (CALC). Ello se enmarca en la búsqueda de una mayor autonomía de América Latina y el Caribe. El presidente de Brasil, Luiz Inácio Lula da Silva, percibió estas acciones como la "afirmación de los intereses nacionales, de la necesidad de articular la acción colectiva de los países del Sur con vista a la transformación del orden por la vía de la transformación de las normas internacionales vigentes y de la búsqueda del equilibrio mundial mediante la construcción de polos regionales de poder."[156] La Cumbre congregó a 31 mandatarios y mandatarias de los países de la región (únicamente los presidentes de Colombia, Álvaro Uribe, y de Perú, Alan García no asistieron). En la Declaración de Salvador de Bahía, las jefas y los jefes de Estado y de gobierno "señalaron la importancia de que el diálogo y la cooperación entre los países latinoamericanos y caribeños generen resultados tangibles y beneficios mutuos, acordes con las altas aspiraciones de desarrollo y prosperidad de sus respectivas sociedades, teniendo como base el intercambio de experiencias y de conocimientos y con fundamento en el patrimonio acumulado por las instituciones regionales existentes."[157]

Asimismo, la Declaración de Bahía dejó plasmadas las áreas que las naciones latinoamericanas y caribeñas consideraron que debían establecerse como prioritarias en una agenda común latinoamericana: 1) Cooperación entre los Mecanismos Regionales y Subregionales de Integración; 2) Crisis Financiera Internacional; 3) Energía;

---

[156]   Soares de Lima, María Regina. (2009) "La política exterior brasileña y los desafíos de la gobernanza global", en *Foreign Affairs Latinoamérica*. Volumen 9. Número 2. p29

[157]   Cumbre de América Latina y el Caribe sobre Integración y Desarrollo (CALC), (2008) *Declaración de Salvador, Bahía*. 16 y 17 de diciembre, 2008. Costa de Sauípe, Bahía, Brasil

4) Infraestructura Física; 5) Desarrollo Social y Erradicación del Hambre y de la Pobreza; 6) Seguridad Alimentaria y Nutricional; 7) Desarrollo Sostenible; 8) Desastres Naturales; 9) Promoción de los derechos humanos y combate al racismo; 10) Circulación de personas y migraciones; 11) Cooperación Sur-Sur; y 12) Proyección de América Latina y el Caribe.

Un año después, en noviembre de 2009, los ministros de Relaciones Exteriores de América Latina y el Caribe se reunieron en Montego Bay, Jamaica, para establecer el Plan de Acción de la CALC con miras a poder implementar los compromisos asumidos por los mandatarios y las mandatarias en la Cumbre en Salvador de Bahía. Allí concordaron una decena de áreas de acción, desde lo político a temas referidos a cambio climático y desastres naturales.

Síntesis del Plan de Acción de Montego Bay

Tema de la agenda	Iniciativas
Cooperación entre los mecanismos regionales y subregionales de integración	Promover el diálogo en cuatro grandes áreas: económico-comercial; productiva; social e institucional; y cultural.
Crisis financiera internacional	Promover el diálogo amplio, concluir las reformas para el incremento del poder de voz y voto de los países en desarrollo en el FMI y el Banco Mundial; establecer mecanismos de comunicación y coordinación entre las autoridades monetarias; dar continuidad al Grupo de Trabajo Financiero de Alto Nivel; estimular el comercio intrarregional; maximizar esfuerzos para concluir la Ronda de Doha.

Tema de la agenda	Iniciativas
Energía	Celebrar reuniones regionales sobre temas como integración infraestructura, diversificación de recursos energéticos y uso de energía renovable, conservación, biocombustibles, fuentes de energía menos contaminantes, entre otros. Además, fomentar un intercambio entre las iniciativas regionales de integración energética de América del Sur con las de América Central y el Caribe.
Infraestructura física	Priorizar la integración de infraestructura y el desarrollo en áreas como el transporte y los servicios aéreos; el transporte y lo servicios marítimos; las tecnologías de la Información y la Comunicación; el intercambio entre subregiones; la integración fronteriza. Además, fomentar un intercambio entre los mecanismos regionales vinculados con la integración en infraestructura física.
Desarrollo social y erradicación del hambre y la pobreza	Intercambio de experiencias, mayor complementariedad y cooperación entre organizaciones internacionales y regionales para que los recursos se apliquen de forma eficiente, trabajar hacia el cumplimiento de los ODM sobre erradicación del hambre y la pobreza.
Seguridad alimentaria y nutricional	Intercambio de experiencias, coordinación regional, desarrollar un programa regional orientado a aumentar la productividad en el sector agropecuario.
Desarrollo sostenible	Planteamiento de asuntos a discutir en el Foro de ministros de Medio Ambiente de ALyC en el 2010.
Desastres naturales	Determinar la agenda a tratar en la III Reunión Regional de Mecanismos Internacionales de Asistencia Humanitaria 2010.
Cambio climático	Plantea puntos a discutir en el Foro de Medio Ambiente.

Fuente: Reunión de ministros de Relaciones Exteriores de América Latina y el Caribe sobre Integración y Desarrollo-CALC, Plan de Acción de Montego Bay, Montego Bay, Jamaica, 6 de noviembre de 2009.

La Unión Latinoamericana y del Caribe
(ULC): la propuesta de México

En el año 2008, el gobierno de México expresó su interés por conformar una Unión Latinoamericana y del Caribe (ULC), y lo ratificó en el año 2009.[158] Dicha propuesta parte de que el Grupo de Río sirva de base para la constitución de la nueva organización regional.

Los principios que orientarían las acciones de la ULC, siguiendo lo establecido en la Declaración de Salvador de Bahía son: solidaridad, flexibilidad, pluralidad, diversidad, complementariedad de acciones, participación voluntaria en las iniciativas. Además, se enmarcaría en la búsqueda de un desarrollo regional integrado, no excluyente y equitativo. De igual forma, en la formación de un orden internacional más justo, equitativo y armónico; así como del aseguramiento de la igualdad soberana de los Estados, del respeto a la integridad territorial y a la no intervención. Todo esto englobado en la promoción de la democracia, los derechos humanos, la transparencia y la representatividad.

Como premisas generales de la Unión Latinoamericana y Caribeña proponían que la nueva instancia: a) no genere burocracias adicionales; b) defina una agenda propia; c) no duplique esfuerzos; d) no se conciba como un mecanismo excluyente sino complementario de otros foros; e) alta flexibilidad; f) bajo las reglas del consenso (no objeción); y g) autonomía e independencia.

La pretensión era que el nuevo Foro se constituyera en *un espacio de diálogo y concertación política* a partir de las seis funciones que tiene el Grupo de Río: a) diálogo y concertación política; b) interlocución con otros actores; c)

---

[158]   Grupo de Río (2009), Tercera Reunión de Coordinadores Nacionales, *Propuesta de México para conformar una nueva organización regional*, 27 de marzo de 2009.

concertación de posiciones comunes en foros internacionales; d) impulso a la agenda latinoamericana y caribeña en foros globales; e) posicionamiento de ALC ante acontecimientos relevantes; y f) convergencia de mecanismos subregionales de integración.

La estructura institucional estaría conformada por: 1) cumbre de presidentes; 2) reunión ministerial de cancilleres; 3) encuentros de altos funcionarios; 4) grupos de trabajo; y 5) una Secretaría pro témpore, rotativa cada dos años.

Reconociendo los acuerdos logrados en la CALC, la propuesta sugería la convergencia de la agenda y los mandatos de la CALC con los del Grupo de Río en la nueva entidad regional.

La Comunidad de Estados Latinoamericanos y Caribeños (CELAC)

En febrero de 2010 se realizó en la Riviera Maya la II Cumbre CALC, en el marco de la llamada Cumbre de la Unidad, donde se realizaron simultáneamente la Cumbre CALC y la XXI Cumbre del Grupo de Río. La III Cumbre CALC se realizará en julio de 2011 en Venezuela. En esa ocasión, los mandatarios y mandatarias de la región acordaron la creación de la CELAC, cuyos objetivos principales, según se lee en la Declaración de la Unidad,[159] deberán ser:

- Impulsar la integración regional con miras a la promoción de nuestro desarrollo sostenible.
- Promover la concertación política, el impulso a la agenda latinoamericana y caribeña en foros globales,

---

[159] Cumbre de la Unidad de América Latina y el Caribe (2010), *Declaración de la Cumbre de la Unidad de América Latina y el Caribe,* 22 y 23 de febrero de 2010, Cancún, México.

y un mejor posicionamiento de América Latina y el
Caribe ante acontecimientos relevantes del ámbito
internacional.

• Fomentar los procesos de diálogo con otros Estados,
grupos de países y organizaciones regionales, para
fortalecer la presencia de la región en el escenario
internacional.

• Promover la comunicación, la cooperación, la articulación, la coordinación, la complementariedad y la sinergia entre los organismos e instituciones subregionales.

• Incrementar nuestra capacidad para desarrollar esquemas concretos de diálogo y cooperación internacional
para el desarrollo, tanto dentro de la región como con
otros Estados y actores internacionales.

• Fortalecer la cooperación en los temas y de acuerdo a
los mandatos establecidos tanto en la Declaración de
Salvador, Bahía, como en el Plan de Acción de Montego
Bay y en otros documentos que puedan incorporarse
con base en el más amplio espíritu de integración.

• Promover la implementación de mecanismos propios
de solución pacífica de controversias.

Asimismo, se acordó que durante el proceso de construcción de esta nueva iniciativa las cumbres de la CALC
y del Grupo de Río se celebrarán como un Foro unificado,
pero en donde ambos mantengan sus respectivos métodos,
procedimientos y prácticas.

El 3 de julio de 2010 se realizó, en Venezuela, la Cumbre
Ministerial de la CALC, donde se acordaron temas importantes para avanzar en la creación de la CELAC, como la
creación del Foro unificado acordado en la Cumbre de la
Unidad. Su objetivo será la redacción del documento de
procedimientos de la CELAC. Este Foro es copresidido por
Chile, en calidad de Presidente pro témpore del Grupo de
Río, y por Venezuela, en calidad de Presidente pro témpore de la CALC. A ello se suma la creación de un grupo de

trabajo abierto compuesto por estas dos naciones, más México y Brasil (ex presidentes pro témpore del Grupo de Río y la CALC, respectivamente), así como de Jamaica, sede de las reuniones ministeriales de Montego Bay, y un representante de Centroamérica.

Calendario de las próximas actividades de la CALC

REUNIÓN	LUGAR	FECHA PROPUESTA
I Reunión de Altos Funcionarios	Venezuela	2 de julio de 2010
I Reunión de Cancilleres	Venezuela	3 de julio de 2010
II Reunión de Altos Funcionarios	Venezuela	Enero de 2011
II Reunión de Cancilleres	Venezuela	Enero de 2011
III Reunión de Altos Funcionarios	Venezuela	Abril de 2011
IV Reunión de Altos Funcionarios	Venezuela	2 de julio de 2011
III Reunión de Cancilleres	Venezuela	3 de julio de 2011
III Cumbre de América Latina y el Caribe sobre Integración y Desarrollo	Venezuela	4 y 5 de julio de 2011

¿Es viable una nueva organización regional?

La diplomacia de cumbres es la forma que ha adoptado el multilateralismo de la segunda mitad del siglo XX e inicios del siglo XXI. Dado el nivel de quienes participan en ellas, las cumbres crean y definen la agenda regional y subregional, o levantan temáticas cruciales de la agenda internacional. América Latina se encuentra inmersa en la diplomacia de cumbres; esta forma de diálogo para cooperar y para resolver las diferencias adquirió gran fuerza en el periodo de Posguerra Fría, con la desaparición de los dos grandes bloques.

Desde el inicio, en la región latinoamericana se expresó con creciente fuerza este formato político-diplomático. Sin contar las cumbres subregionales, en poco más de dos

décadas, desde 1987 hasta julio de 2010, se han realizado 128
cumbres presidenciales. Ello significa un promedio de 5,6
cumbres por año. Si agregamos las cumbres subregionales
que en general se desarrollan cada seis meses, significa
adicionar dos cumbres presidenciales más cada año. Con
ello tenemos que los presidentes y las presidentas latinoamericanos y caribeños deben participar en al menos ocho
cumbres presidenciales cada año en promedio, dado que
no todos participan en todas las cumbres. La intensidad
de estos contactos se expresa en el conjunto de puntos,
acuerdos y resoluciones adoptadas en cada oportunidad.

Durante el periodo 2007-julio de 2010, los mandatarios y mandatarias de la región adoptaron y acordaron un
total de 2.115 puntos sobre diversos temas en las distintas
reuniones reseñadas. La posibilidad de darles seguimiento
y tantos compromisos políticos, así como de poder trasla-
darlos a la práctica, representa todo un reto –muy difícil de
cumplir– para la diplomacia latinoamericana.

Número de cumbres y compromisos
Integración y diplomacia de cumbres, 2007-2010 (a)

Iniciativa de integración	Cantidad de cumbres	Puntos acordados
MERCOSUR	7	282 (238 MERCOSUR + E. Asoc.) (b)
CAN	2	18
SICA	19	363
CARICOM (c)	10 (12)	199 (241)
ALBA (d)	12 (13)	197 (223)
Petrocaribe	4	49
Proyecto Mesoamérica	4	186
Grupo de Río (e)	4 (5)	69 (157)
UNASUR	7	88
Cumbre ASPA	1	119

Cumbre ASA	1	96
OTCA	1	7
Cumbre Iberoamericana	3	98
Cumbre UE-AL	2	100
Cumbre Energética	1	18
Arco del Pacífico Latinoamericano	1	6
Cumbre de las Américas	1	97
Cumbre CALC y Cumbre de la Unidad	2	123
TOTAL	81	**2.115**

Fuente: Elaboración propia.
Referencias: (a) Desde enero de 2007 al primer semestre de 2010. (b) En las Cumbres del MERCOSUR se suscriben dos declaraciones, una firmada por los Estados parte y otra firmada por los Estados parte y los Estados asociados del MERCOSUR. Los puntos acordados en esta última son los mostrados en ( ). (c) Las cifras en ( ) refieren a la Cumbre SICA-CARICOM y la Cumbre sobre Cambio Climático ya contabilizados en el cuadro del SICA, por lo que no serán tomadas en cuenta para la cifra total. (d) Las cifras en ( ) refieren a la Cumbre Alimentaria ya contabilizados en el cuadro del SICA, por lo que no serán tomadas en cuenta para la cifra final. (e) Las cifras en ( ) refieren a la Cumbre de la Unidad, por lo que no serán tomadas en cuenta para la cifra final

De ahí que la CELAC podría tener un efecto positivo en la disminución de los encuentros de los jefes y jefas de Estado, racionalizando su agenda internacional al concentrarla en gran parte en este Foro de carácter eminentemente político.

En el Plan de Acción de Montego Bay, en la Declaración de Salvador de Bahía y en la Declaración de Cancún se establece como punto central el diálogo e intercambio de experiencias en los diferentes ámbitos. La concentración de muchos de estos intercambios en un único Foro, así como las posibilidades de diálogo que este permitiría, resultan sumamente provechosas para disminuir la duplicación de esfuerzos tanto a nivel subregional como entre las diferentes subregiones.

Si bien se perciben en la región diferencias ideológicas importantes que en ocasiones dificultan el logro de consensos y de acciones, como se refleja en la fragmentación y en el consecuente estancamiento en la Comunidad Andina de Naciones (CAN), en el caso de la Unión de Naciones Suramericanas (UNASUR), entre los países de la Alianza Bolivariana para los Pueblos de Nuestra América (ALBA) y Colombia; o en el interior del Sistema de Integración Centroamericana (SICA) o en el Proyecto Mesoamérica, lo cierto es que la asistencia a la Cumbre de la CALC y la del Grupo de Río, así como la atención que se le dio a estas dos cumbres desarrolladas en Cancún, reflejan la voluntad de los gobiernos de lograr una mayor cohesión y una integración latinoamericana más efectiva.

La creación de la CELAC reflejaría más que nunca el compromiso político serio de las naciones latinoamericanas y caribeñas de construir una agenda común, posiciones compartidas y espacios comunes para beneficio de la región, en la perspectiva de obtener un mayor peso en el escenario internacional. Además, el contexto global de reordenamiento y de falta de legitimidad de las instancias globales genera espacios para un mayor margen de acción de los países latinoamericanos y caribeños. Éste se logrará si la región, por medio de la CELAC, es capaz de concordar visiones, intereses y cursos de acción para una mejor inserción internacional y para avanzar en forma simultánea en el desarrollo nacional y regional.

Frente a la crisis financiera global, los países latinoamericanos y caribeños coincidieron en sus posiciones, en al menos un aspecto: su origen se ubica en los países desarrollados y las consecuencias de ella son vividas por todos.

Este punto en común acrecentó la ya expresada necesidad de lograr concertar una sola voz entre los países latinoamericanos, para poder incidir en las decisiones globales, más aun en un contexto en donde se discute la creación de una nueva arquitectura financiera internacional.

El desarrollo eficiente y efectivo de la concertación y del diálogo latinoamericano, ya no sólo a nivel subregional, sino también desde una visión latinoamericana, incide en la proyección internacional de América Latina y el Caribe como una región organizada, que cuenta con propuestas serias y viables para combatir los desafíos globales.

La creación de un Foro solamente latinoamericano de mayor importancia podría eliminar o al menos disminuir el tono fuertemente ideológico que se les imprime a las cumbres hemisféricas, en donde muchas de las discusiones se centran en atacar las acciones antiimperialistas o proimperialistas, o bien antiglobalización. No obstante, las diferencias regionales o entre subloques podrían quedar en una mayor evidencia y con gran fuerza, y mostrar una fuerte polarización regional en diversas áreas y temas.

Tal como se muestra en el Plan de Acción de Montego Bay, la realización de estas cumbres permite darles nuevas alternativas, prioridades y seguimiento a los foros de ministros que se desarrollan en diversas áreas en la región. Asimismo, en tiempos en donde la cooperación Sur-Sur está adquiriendo mucha importancia en la región, las posibilidades de diálogo e intercambio que surgiese de la CELAC podrían beneficiar la efectividad, el desarrollo y la mejor implementación de este tipo de cooperación en la región.

Las cumbres presidenciales representan un espacio privilegiado para que los mandatarios y mandatarias se conozcan y puedan expresar entre sí sus intereses, posiciones y visiones. En medio de una reconfiguración del mapa político latinoamericano –entre el 2009 y el 2010 se realizaron diez elecciones presidenciales–, este espacio

puede resultar en una buena oportunidad para el desarrollo
y construcción de la confianza; y para el intercambio con
los nuevos y nuevas gobernantes. Es aquí donde se debe
construir una agenda compartida.

Una relación más cercana entre la América Latina del
Norte, la América Latina del Sur y el Caribe puede promo-
cionar y dar mayor peso a las iniciativas latinoamericanas
que algunos grupos de países han venido creando en los
últimos años, como por ejemplo el Banco del Sur, el Consejo
de Defensa Sudamericano, y la Iniciativa para la Integración
de la Infraestructura Regional Sudamericana (IIRSA).

¿Qué limitaciones podría tener una nueva instancia regional?

En los últimos años, el Grupo de Río logró rearticularse
como proyecto regional latinoamericano y caribeño por
sobre las diferencias de los proyectos subregionales que
dividen a la región, en especial entre la América Latina
del Norte y América del Sur. El Grupo de Río responde a
la necesidad de estructurar en lo político y estratégico una
visión compartida, no competitiva entre las subregiones,
complementaria, que supere las diferencias en un proyecto
más amplio de concertación e interlocución, y que otorgue
relevancia al conjunto de la región, en un momento histórico en que ésta posee un menor peso en el mundo. Su
crisis, como las de los gobiernos de Colombia y Ecuador por
la incursión militar del primero en territorio ecuatoriano,
demuestra su importancia como mecanismo de diálogo
y concertación política. El Grupo de Río es un espacio
moderador y de prevención de escalamiento de tensiones.

Teniendo en cuenta los éxitos que ha logrado el Grupo
de Río en el ámbito político, pretender utilizarlo como base
para una nueva instancia regional podría tener eventuales

efectos negativos. En la medida en que la CELAC involucra una serie de aspectos y temas que van más allá de la concertación política de la que se ocupa el Grupo de Río, podría diluirse este componente esencialmente político, que ha resultado ser tan efectivo. En forma paralela, podría quedar inmerso en un marasmo de temas sectoriales.

La multiplicidad de temas de la agenda de la CALC, temas que la CELAC se propone asumir, refleja el enorme reto al que se enfrentaría esta nueva instancia. La dispersión de acciones, así como la adopción de compromisos que nunca llegarán a la práctica, resulta previsible si se considera la diversidad de visiones que involucraría un foro de 33 países, muy diversos, y con intereses distintos, al igual que sus respectivas capacidades de respuesta e implementación.

Si bien la voluntad política para construir una visión latinoamericana es más fuerte hoy que nunca, lo cierto es que las diferencias ideológicas que se han venido observando entre los países de la región, sumado a las viejas disputas entre algunas naciones, expresan la dificultad que implicará construir un proceso de toma de decisiones conjuntas en temas ya de por sí controversiales.

El tiempo en la política es de suma importancia. El reto al que se enfrentaría la CELAC, en un contexto de débiles bases de confianza recíproca, es que se requerirá una alta dosis de voluntad política de todos, para avanzar en la construcción de una agenda compartida. Máxime cuando el tiempo de superposición de todos los mandatarios es breve. A ello se debe añadir que no en todos los casos existen y se desarrollan políticas de Estado en lo referido a política exterior.

El papel de México y Brasil

México y Brasil son los países que tradicionalmente han tenido el mayor peso y han ejercido el liderazgo en la región. De ahí que no sea extraño que ellos sean los que han propuesto y propiciado la discusión de la creación de un foro regional latinoamericano, a partir de iniciativas generadas por cada uno. Cabe recordar el peso de Brasil en UNASUR y el de México en el Plan Mesoamericano.

Al momento, todo apunta a que ambos, así como el resto de los países de la región, están dispuestos a adquirir el compromiso de fomentar una mayor unidad latinoamericana mediante una iniciativa en la que converjan las naciones latinoamericanas y caribeñas sin excepciones, que discuta temas del interés de todos. La misma propuesta de México de converger en la nueva instancia y la agenda de la CALC, reflejan el compromiso que tienen ambas naciones en limitar, y en la medida de lo posible terminar, con la duplicación y división de esfuerzos para empezar a construir un camino latinoamericano aprovechando los avances que hasta la fecha se han logado.

Es así como el Presidente de México, Felipe Calderón, afirmó: "La decisión que hoy hemos tomado de constituir la Comunidad de Estados Latinoamericanos y del Caribe, representa sin duda alguna un paso decisivo en la historia institucional de la región. Estoy convencido de que la hora de América Latina y el Caribe apenas empieza. A través de este nuevo mecanismo reforzaremos nuestra voz en el concierto de las naciones, para ser protagonistas y no meros espectadores de lo que ocurre en el mundo."[160] Por su lado, el presidente Lula expresaba: "Queremos dar respuestas

---

[160]   Calderón, Felipe (2010), *Discurso del Presidente de México Felipe Calderón en la Segunda Sesión Plenaria de la Cumbre de la Unidad de América Latina y el Caribe*, 23 de febrero de 2010, Cancún, México.

propias para las aspiraciones de bienestar y prosperidad de nuestros pueblos. Luego de dos siglos desde nuestras independencias, esta es la primera vez que la región une sus voces. Vivimos una misma realidad, sin embargo miramos para otros lados, en busca de soluciones que muchas veces estaban a la mano, en nuestro entorno. Esta Cumbre tiene un mensaje simple, aunque fundamental: sólo superaremos los desafíos de integración y desarrollo si asumimos nuestra vocación latinoamericana y caribeña. Debemos hacerlo sin el espíritu de confrontación. Nuestra unidad debe ser entendida como una contribución para un nuevo mundo, multipolar y multilateral."[161]

Sin embargo, el hecho de que en enero de 2011 Brasil inicie un nuevo gobierno, abre la pregunta sobre si éste tendrá el mismo impulso e interés en continuar consolidando el liderazgo de ese país en América Latina, o el foco de su política exterior se centrará en otros actores extrarregionales. Todo parecería indicar que la política hacia América Latina, en particular hacia América del Sur, posee carácter de Estado, lo que tendrá permanencia.

Reflexiones finales

Más allá de la coincidencia de los dos mayores actores en la región, las diferencias respecto a cómo llevar a cabo las acciones prioritarias en el área y en el sistema global son muy evidentes. Además de las estrategias diferenciadas de estos dos grandes actores, se deben incluir las visiones del ALBA, lideradas por Venezuela.

---

[161] Lula da Silva, Luiz Inácio (2008), *Discurso del presidente Luiz Inácio Lula da Silva en la Cumbre de América Latina y el Caribe sobre Integración y Desarrollo (CALC)*, Costa de Sauípe, Bahía, Brasil, 16 y 17 de diciembre de 2008. Traducción propia.

Un primer aspecto que será crucial en el desarrollo de la Comunidad de Estados Latinoamericanos y Caribeños será el paso desde un mecanismo *ad hoc* –como lo es el Grupo de Río–, a otro mecanismo "formal", aunque sin institucionalidad permanente. Otro tema central será el de las ratificaciones por parte de los parlamentos de los países de la región. El lapso de tiempo que consuma puede ser muy largo.

Por otro lado, la nueva entidad debe ser capaz de relacionarse de manera eficiente y efectiva con las instancias subregionales, todas ellas poseedoras de espacios de debate político y amplios espacios de concertación para la cooperación económica, social, cultural y otras. Es decir, la CELAC debe desde el inicio ubicarse en un plano superior de orientación, un plano político, estratégico, latinoamericano y caribeño, para poder ejercer su liderazgo.

La agenda latinoamericana en temas prioritarios es muy similar; nos aquejan problemas comunes que se encuentran transnacionalizados. Los temas globales forman parte esencial de la agenda de América Latina y el Caribe y demandan respuestas concertadas y cooperativas. La creación de una entidad regional –la CELAC– puede contribuir a establecer un foro que construya una visión regional y sobre ella diseñe una estrategia global de cooperación, integración regional e inserción global más efectiva. La oportunidad es grande, como lo son los obstáculos que enfrenta.

LA COMUNIDAD DE ESTADOS LATINOAMERICANOS Y CARIBEÑOS: LA FACTIBILIDAD Y LA NECESIDAD DE UN NUEVO ORGANISMO REGIONAL[162]

Alcides Costa Vaz[163]

La II Cumbre de América Latina y el Caribe sobre Integración y Desarrollo (CALC), celebrada a fines de febrero en Cancún, México, constituye un importante hito en la política regional contemporánea. La Cumbre representa más que la simple continuidad del esfuerzo político de los jefes de Estado para rescatar un sentido de comunidad en América Latina, iniciado en la primera CALC convocada por Brasil y realizada en Bahía a fines de 2008. La Cumbre de Cancún, y el anuncio de la creación de la Comunidad de Estados Latinoamericanos y Caribeños, que espera consolidarse como el principal referente y foro multilateral para el tratamiento de temas claves de la política regional, y para la concertación de los países frente a los retos políticos que provienen también del ámbito global, responden a un objetivo: revalorizar los elementos históricos, sociales, culturales, políticos e identitarios que le permitan a la región desarrollar sinergias y convergencias para lograr una actuación más proactiva en los principales espacios de negociación y de toma de decisiones internacionales.

---

[162] Este artículo fue publicado previamente en la Revista *Nueva Sociedad,* núm. 227, mayo-junio de 2010, ISSN: 0251-3552, disponible en línea: www.nuso.org.
[163] Profesor y vicedirector del Instituto de Relaciones Internacionales de la Universidad de Brasilia. Coordinador del Grupo de Trabajo de Brasil del Proyecto Cooperación en Seguridad Regional de la Fundación Friedrich Ebert.

La iniciativa contribuye así a llenar un vacío en cuanto a la
existencia de un foro de diálogo político latinoamericano,
función que han cumplido, con sus altibajos y limitaciones,
el Grupo de Río (desde su creación en 1986) y las diversas
cumbres subregionales, regionales e interregionales que
proliferaron desde los años 1990.

Antecedentes

La propuesta de creación de un nuevo organismo
regional ha sido interpretada como la culminación de un
esfuerzo sostenido a lo largo de la presente década, de modo
más claro en los últimos años, para fortalecer a la región
a partir de la recuperación de un sentido de identidad y
comunidad de América Latina y el Caribe. La búsqueda de
este sentido estuvo presente, con mayor o menor énfasis, en
distintos momentos de la historia política de la región, y ha
inspirado diversos movimientos políticos y la estrategia exterior de varios países. Sin embargo, el interés de los países
latinoamericanos en su propia región se había debilitado
en el contexto de la Posguerra Fría. Esto fue resultado,
por un lado, del protagonismo de Estados Unidos en los
años 1990 y de su énfasis en el hemisferio como espacio
de referencia para las políticas multilaterales y regionales.
Y, por otro, fue consecuencia de la fragmentación que han
generado en América Latina las iniciativas y propuestas
estadounidenses, las distintas estrategias de desarrollo y de
inserción internacional en curso en la región, y más recientemente, los rasgos políticos e ideológicos a partir de los
cuales cada país ha planteado sus posiciones y respuestas
a los desafíos políticos, económicos y de seguridad, tanto
en el ámbito nacional como internacional.

Así, mientras América Latina se fragmentaba como referente identitario y político para los países que la integran,

surgían otras formas y expresiones de organización y movilización en distintos niveles subregionales, como el G-3 formado por México, Colombia y Venezuela, el Sistema de la Integración Centroamericana (SICA), el Mercado Común del Sur (MERCOSUR), la Comunidad Andina de Naciones (CAN) y, más recientemente, la Comunidad Sudamericana de Naciones (CSN) y su sucedánea, la UNASUR, con su Consejo Sudamericano de Defensa, y la Organización del Tratado de Cooperación Amazónica (OTCA). En este contexto de dispersión de los mecanismos de integración y de cooperación, el Grupo de Río logró subsistir como el único espacio en el cual la idea o el anhelo de América Latina todavía lograba algún reconocimiento, aunque la relevancia de la entidad haya sido fuertemente cuestionada en distintas ocasiones.

Al mismo tiempo, la resistencia de algunos importantes países al sesgo hemisférico con el cual EE.UU. procuraba reafirmar regionalmente su condición hegemónica en el contexto de la Posguerra Fría, así como el rechazo a las políticas económicas, comerciales y de seguridad impulsadas por Washington, hicieron que la pérdida de importancia de América Latina como referente no se compensara necesariamente con el ascenso del hemisferio como sustituto fundamental para las políticas nacionales y regionales, como deseaba Washington. En efecto, las dificultades para revitalizar la Organización de los Estados Americanos (OEA) y lograr consensos en su seno en torno de los desafíos prioritarios de seguridad, así como la denuncia del Tratado Interamericano de Asistencia Recíproca (TIAR) por parte de México, y finalmente, el rotundo fracaso de las negociaciones para la creación del Área de Libre Comercio de las Américas (ALCA), ponen de relieve los muchos límites y resistencias que enfrentó el intento de consolidar el hemisferio como referente principal para el multilateralismo regional.

Por otro lado, hay que señalar el ascenso de las iz-
quierdas, con sus distintos matices, en la presente década,
que abrió espacio para el replanteo de vínculos políticos
dentro de América Latina, que trasciendan los espacios
vecinales o subregionales. Así, gradualmente, América
Latina comenzó a reaparecer, en el cálculo político de
los países que la integran, como una referencia funcional
para la reformulación de sus estrategias regionales y de
inserción internacional.

En ese sentido, la Cumbre de Cancún puede ser considerada la expresión, aunque circunstancial, de un largo
proceso de reconstrucción identitaria, en el cual se han
manifestado tensiones entre dinámicas de fragmentación y
de integración dentro de la región, intentos de afirmación
de liderazgo regional, las no menos controvertidas políticas e iniciativas de EE.UU. y el incentivo a la integración
proveniente de la Unión Europea, entre otros factores. En
este complejo contexto, que todavía incluye importantes
tendencias contrarias al acercamiento regional, la Cumbre
celebrada en febrero implica un hito positivo, construido
sobre la base de una importante convergencia en torno de
la necesidad de lograr, por medio del diálogo y la concertación política, una mayor autonomía de América Latina
en la política internacional. Pero al mismo tiempo es un
desarrollo que encuentra límites tanto en la volatilidad
política interna de los países como en las diversas formas
de vulnerabilidad externa que siguen presentes en la región.

Factibilidad y utilidad

En ese sentido, cabe preguntarse acerca de la factibilidad y la utilidad de un nuevo organismo político regional
que excluya a EE.UU. y Canadá. En relación con el primer
aspecto, no cabe duda de que la decisión es resultado de un

proceso, construido a lo largo de la presente década, que hace muy factible la creación de dicho organismo, cuyo lanzamiento formal se aguarda para 2011. Esto corresponderá a la decisión soberana de los 32 Estados latinoamericanos y caribeños, que han manifestado su voluntad política de concretar la iniciativa.

La cuestión que es preciso plantearse no es entonces la creación del organismo, sino más bien la posibilidad de que, una vez inaugurado, se convierta en un ejemplo más de la profusión, ineficacia y voluntarismo de tantas otras entidades e iniciativas con las que en el pasado se intentó dar expresión política, institucional y económica a América Latina. O aún peor, el riesgo de la autofagia que frecuentemente afecta a los organismos regionales cuando los gobiernos les niegan su apoyo y recursos y no les otorgan la prioridad necesaria para cumplir los propósitos que se les asignan. Esto sucede, sobre todo, si se considera que, en un escenario en el que persisten significativas fuerzas tendientes a la fragmentación, la convergencia en cuanto a los medios, como la que se produjo en la Cumbre de Cancún, suele ocultar importantes diferencias entre los países respecto a objetivos o intereses de fondo. En otras palabras: en las actuales circunstancias, nada garantiza que el destino del nuevo organismo sea distinto al de otras iniciativas regionales, aun si la legítima búsqueda de una mayor autonomía, la genuina necesidad de disponer de un espacio propio para el diálogo y la concertación y la voluntad política para construirlo sugieren lo contrario.

Esto lleva a considerar la segunda cuestión: ¿cuál es la utilidad de un organismo regional en el que EE.UU. y Canadá no estén representados? En principio, es necesario señalar la legitimidad de la aspiración de los países latinoamericanos de dialogar y expresarse por los canales que consideren que mejor reflejan sus aspiraciones, posiciones e intereses, y que mejor sintonicen con los desafíos, requerimientos y complejidades de la política actual. En ese sentido, la iniciativa anunciada en la Cumbre de Cancún parece restarle legitimidad a la OEA, al mismo tiempo que sugiere no necesariamente la disposición a confrontar con EE.UU., pero sí la voluntad de generar un cambio de perspectiva de parte de los países latinoamericanos en relación con las políticas y acciones norteamericanas hacia la región.

La creación de un espacio de interlocución y de interacción más equilibrado con EE.UU. suele ser considerada por muchos como una aspiración utópica, que desconoce las realidades del poder. Sin embargo, dicho objetivo es percibido por la mayor parte de los países latinoamericanos como una condición cada vez más necesaria para evitar la continuidad de prácticas hegemónicas y de patrones de relacionamiento que fomentan asimetrías y rivalidades, tanto en el interior de las sociedades nacionales como en la región. De manera complementaria, un espacio de este tipo puede contribuir a una mejor articulación de América Latina para, a partir de allí, entablar un diálogo más balanceado con EE.UU. y otros actores de influencia internacional sobre los temas que conforman la agenda global y que inciden o se vinculan con la región de forma directa.

Sin embargo, no parece lógico suponer que una organización latinoamericana y caribeña pueda reemplazar a la OEA, pese a todas sus debilidades y la susceptibilidad que genera la influencia de EE.UU. En caso de que la propuesta surgida en Cancún se concrete, seguramente se producirá una superposición de objetivos y espacios entre el nuevo organismo regional y la OEA Pese a ello, esta última organización debe permanecer como el principal espacio multilateral en el cual los intereses y planteos de EE.UU. y Canadá respecto a la región, y los formulados por los países latinoamericanos, encuentran la posibilidad de confrontarse, y eventualmente, de ajustarse.

Por lo tanto, y pese a todos los problemas que posiblemente surjan en el camino, cabe apostar al (tardío) reconocimiento de la necesidad de que América Latina pueda discutir sus propios problemas en sus propias instancias. El desafío es hacerlo sin que esto derive en el aislamiento o plantee dificultades para las relaciones con otros actores, en particular con EE.UU., pero también con Canadá. En otras palabras: si la iniciativa contribuye a lograr una mejor expresión institucional de las demandas, expectativas y necesidades del conjunto de los pueblos de América Latina, si ayuda a mejorar su capacidad de articulación en el marco de la política regional y global, bienvenida sea. No se trata de ignorar la cruda realidad del juego de poder en el escenario regional, sino de intentar cambiar sus términos. Esa es la expectativa de Cancún.

Bibliografía General

"Otra integración es posible", aprobado por un conjunto de organizaciones y movimientos sociales durante el Foro Social de las Américas realizado en Caracas en enero del 2006.

Abbott, Kenneth W. (2007), "Institutions in the Americas: Theoretical Reflections", en Gordon Mace, Jean-Philippe Thérien, y Paul Haslam (eds.), *Governing the Americas: Assessing multilateral Institutions*, Boulder, Lynne Rienner.

Abbott, Kenneth W., Robert O. Keohane, Andrew Moravcsik, Anne-Marie Slaughter, y Duncan Snidal. (2000), "The concept of legalization", en *International Organization*, 54, 3, verano de 2000, pp. 401-419.

Ahumada, Consuelo, y Angarita, Telma (Editoras) (2003), *La región andina: entre los nuevos populismos y la movilización social*, Bogotá, Observatorio Andino / Fundación Konrad Adenauer.

Ahumada, Consuelo, y Angarita, Telma (Editoras) (2005), *Las políticas de seguridad y sus implicaciones para la región andina*, Bogotá, Observatorio Andino / Fundación Konrad Adenauer.

Ahumada, Consuelo, y Cancio, Arturo (Editoras) (2003), *Comunidad Andina y Mercosul em la perspectiva del ALCA*, Bogotá, Centro Editorial Javeriano.

Altmann Borbón, Josette (2006), "Integración en América Latina: Crisis de los modelos regionales y ausencia de certidumbres", en Rojas Aravena, Francisco y Solís, Luis Guillermo (coord.), *La integración latinoamericana. Visiones regionales y subregionales*, San José de Costa Rica, Juricentro, Obreal, FLACSO.

Altmann Borbón, Josette (2010), "El ALBA: de alternativa de integración a una alianza político-ideológica", en *Foreign Affairs Latinoamérica*, 10, 3, junio-septiembre de 2010, pp. 32-38.

Altmann, Josette (Editora), *América Latina y el Caribe: ALBA, ¿una nueva forma de integración regional,?* FLACSO / TESEO y Fundación Carolina, en Prensa.

Altmann, Josette y Rojas Aravena, Francisco (2007), *Multilateralismo e integración en América Latina y el Caribe*, Serie de Cuadernos de Integración en América Latina., FLACSO- Secretaría General. Disponible en línea: www.flacso.org

Altmann, Josette y Rojas Aravena, Francisco (2008), "Introducción. América Latina: dilemas de la integración", en Altmann, Josette y Rojas Aravena, Francisco (editores), *Las paradojas de la integración en América Latina y el Caribe*, Madrid, Fundación Carolina / Siglo XXI de España, p. XXIV.

Altmann, Josette y Rojas Aravena, Francisco (Editores) (2008), *América Latina y el Caribe: ¿Fragmentación o Convergencia? Experiencias recientes de la integración*, Colección 50 AÑOS, Quito, Ecuador, FLACSO Sede Ecuador, Ministerio de Cultura del Ecuador y Fundación Carolina.

Altmann, Josette y Rojas Aravena, Francisco (Editores) (2008), *Las paradojas de la integración en América Latina y el Caribe*, Madrid, Fundación Carolina y Editorial Siglo XXI.

América Do Sul (2005), Primeira Reunião de Chefes de Estado da Comunidade Sul-Americana de Nações, Brasília, FUNAG.

Araújo, Heloisa Vilhena de (Org.). (2004), *Os países da Comunidade Andina,* Brasília, IPRI-FUNAG / MRE (2 vols.).

Argumedo, Alcira (1993), *Los silêncios y lãs vozes em América latina. Notas sobre el pensamiento nacional y popular,* Buenos Aires, Ediciones del Pensamiento Nacional.

Arredondo, Ricardo (2009a), "La responsabilidad de proteger: una visión desde el Sur", en *Agenda Internacional,* núm. 19, pp. 24-39.

Arredondo, Ricardo (2009b), "La responsabilidad de proteger: de la noción a la acción", en *Pensamiento Propio,* núm. 29, 1-6/2009.

Ayuso, Anna (2010), "Integración con equidad: instrumentos para el tratamiento de las asimetrías en América del Sur", en Cienfuegos, Manuel y Sanhauja, José Antonio (editores), *Una región en construcción. UNASUR y la integración en América del Sur,* Barcelona, Fundación CIDOB.

Bacaria Colom, Jordi (2010), "Fines integracionistas y posibilidades financieras del Banco del Sur", en Cienfuegos, Manuel y Sanahuja, José Antonio (editores), *Una región en construcción. UNASUR y la integración en América del Sur,* Barcelona, Fundación CIDOB.

Barnett, Michael N., y Raymond Duvall (eds.) (2005), *Power in global governance,* Cambridge, Cambridge University Press.

Bellamy, Alex (2009), *Responsibility to Protect,* Cambridge, Polity Press.

Bodemer, Klaus (2010), "Integración energética en América del Sur: ¿eje de integración o fragmentación?", en Cienfuegos, Manuel y Sanahuja, José Antonio (editores), *Una región en construcción. UNASUR y la integración en América del Sur,* Barcelona, Fundación CIDOB.

Boniface, Dexter S. (2010), "La posición de Estados Unidos frente al multilateralismo latinoamericano", en *Foreign*

Affairs Latinoamérica, núm. 10, 3, junio-septiembre de 2010, pp. 51-56.

Botero Montoya, Rodrigo (2007), "La agenda latinoamericana de Brasil", en *El Colombiano,* 1/3/2007.

Brasil y México (2009), *Comunicado Conjunto de los presidentes Luiz Inácio Lula da Silva, de Brasil, y Felipe Calderón, de México,* Visita de Estado de Felipe Calderón a Brasil, Ciudad de México, 17 de agosto de 2009. Disponible en línea: www.presidencia.gob.mx

Burges, Sean (2005), "Bounded by the reality of trade: Practical limits to a South American region", en *Cambridge Review of International Affairs,* núm. 18, 3, octubre de 2005, pp. 437-454.

Calcagno, Alfredo Eric, y Calcagno, Alfredo Fernando (1995), *El Universo Neoliberal,* Madrid / Buenos Aires, Alianza Editorial.

Calderón, Felipe (2010), *Discurso del presidente Felipe Calderón en la Cumbre de América Latina y el Caribe sobre Integración y Desarrollo (CALC),* Costa de Sauípe, Bahía, Brasil, 16 y 17 de diciembre de 2008.

Cardoso, Elsa (2006), *Integración energética y gobernabilidad en la región andina,* Caracas, Ildis.

CEPAL (1994), *El regionalismo abierto en América Latina y el Caribe,* Santiago de Chile, CEPAL.

Commission on Global Governance (1995), *Our global neighbourhood,* Oxford, Oxford University Press.

Committee on Foreign Relations (2010), *Multilateralism in the Americas: Let's start by fixing the OAS,* Report to the Committee on Foreign Relations, United States Senate, 54–584 PDF Washington DC, US Government Printing Office, 26 de enero de 2010.

Comunidad Sudamericana de Naciones (2004), *Declaración de Cusco,* Perú, 7 de diciembre de 2004.

Cooper, Andrew F. y Thomas Legler (2001), "The OAS democratic solidarity paradigm: Questions of collective and national leadership", en *Latin American Politics and Society,* núm. 43, 1, primavera de 2001, pp. 103-126.

Cooper, Andrew F. y Thomas Legler (2006), *Intervention without intervening? The OAS defense and promotion of democracy in the Americas,* New York, Palgrave.

Cooper, Andrew y Heine, Jorge (2009), "Introduction – The Effect of National and Global Forces on the Americas: Tsunami, Tornado or Just a Mild Breeze?" en Cooper, Andrew y Heine, Jorge (eds.), *Which Way Latin America? Hemispheric Politics Meets Globalization,* United Nations University, Tokio.

Costa Vaz, Alcides (2010), "La Comunidad de Estados Latinoamericanos y Caribeños. La factibilidad y necesidad de un nuevo organismo regional", en *Nueva Sociedad,* núm. 27, 5-6/2010, pp. 4-8.

Costa Vaz, Alcides y Jácome, Francine (2009), "El Consejo de Defensa Sudamericano: Retos para la cooperación en seguridad y defensa en Sudamérica", en *Policy Paper FES,* núm. 26, Programa de Cooperación en Seguridad Regional, FES, febrero de 2009.

Costa, Darc (2004), *Estratégia nacional. A cooperação sul-americana como caminho para a inserção internacional do Brasil,* Porto Alegre, L&PM Editores.

Costa, Darc (2009), *Fundamentos para o estudo das estratégia nacional,* São Paulo, Paz e Terra.

Cox, Robert W. (1997), *The new realism: perspectives on multilateralism and world order,* London, MacMillan.

Cronin, Bruce (2002), "The two faces of the United Nations: The tension between intergovernmentalism and transnationalism", en *Global Governance,* núm. 8, pp. 53-71.

Cumbre de la Unidad de América Latina y el Caribe (2010a), *Comunicado Especial Sobre Cooperación en Materia Migratoria,* La Riviera Maya, México, 22 y 23 de febrero de 2010.

Cumbre de la Unidad de América Latina y el Caribe (2010b), *Comunicado Especial Sobre Exploración Hidrocarburífera en la Plataforma Continental*, La Riviera Maya, México, 22 y 23 de febrero de 2010.

Cumbre de la Unidad de América Latina y el Caribe (2010c), *Declaración de Apoyo a la Iniciativa Yasuní – ITT*, La Riviera Maya, México, 22 y 23 de febrero de 2010.

Cumbre de la Unidad de América Latina y el Caribe (2010c), *Declaración de Solidaridad con Ecuador*, La Riviera Maya, México, 22 y 23 de febrero de 2010.

Cumbre de la Unidad de América Latina y el Caribe (2010d), *Declaración Especial Sobre Guatemala*, La Riviera Maya, México, 22 y 23 de febrero de 2010.

Cumbre de la Unidad de América Latina y el Caribe (2010e), *Declaración Sobre la "Cuestión de las Islas Malvinas"*, La Riviera Maya, México, 22 y 23 de febrero de 2010.

Cumbre de la Unidad de América Latina y el Caribe (2010f), *Declaración Sobre la Necesidad de Poner Fin al Bloqueo Económico, Comercial y Financiero de los Estados Unidos Contra Cuba*, La Riviera Maya, México, 22 y 23 de febrero de 2010.

Cumbre de la Unidad de América Latina y el Caribe (2010g), *Declaración de la Cumbre de la Unidad de América Latina y el Caribe*, Cancún, México, 22 y 23 de febrero de 2010.

Cumbre de la Unidad de América Latina y el Caribe (2010h), *Declaración de Cancún*. Cancún, México, 23 de febrero de 2010.

Cumbre de la Unidad de América Latina y el Caribe (2010i), *Declaración en Solidaridad con Haití*, La Riviera Maya, México, 22 y 23 de febrero de 2010.

De Castro Sánchez, Claribel (2006), "¿El fin de la soberanía nacional? El derecho de injerencia humanitaria ante los últimos acontecimientos", en UNED, *Revista de Derecho*, núm. 1, p. 18.

Epsteyn, Juan Claudio (2010), "Brasil: el escenario regional como complemento al escenario global", en Tussie, Diana y Trucco, Pablo (editores), *Nación y Región en América del Sur,* Teseo / LATn / FLACSO, Buenos Aires.

Evans, Gareth (2008), *The Responsibility to Protect. Ending Mass Atrocity Crimes Once and For All,* Washington DC, Brookings Institution Press.

Fawcett, Louise (2005), "The origins and development of regional ideas in the Americas", en Louise Fawcett y Monica Serrano (eds.), *Regionalism and governance in the Americas,* New York, Palgrave, pp. 27-51.

Feinberg, Richard (2010), "Multilateralismo en las Américas: La exclusión no es la solución", en *Foreign Affairs Latinoamérica,* núm. 10, 3, junio-septiembre de 2010, pp. 12-17.

Florêncio, Sérgio Abreu e Lima, e Araújo, Ernesto Fraga (1996), *Mercosul Hoje,* São Paulo, Alfa-Ômega.

Fritz, Thomas (2007), *ALBA contra ALCA. La Alternativa Bolivariana para las Américas: una nueva vía para la integración regional en Latinoamérica,* Centro de Investigación y Documentación Chile Latinoamérica (FDCL), Berlín, abril de 2007.

González, Guadalupe (2007), "El difícil juego del equilibrista", en *Foreign Affairs en Español,* vol. 7, núm. 4, octubre-diciembre de 2007, pp. 31-37.

Grugel, Jean (2006), "Regionalist governance and transnational collective action in Latin America", en *Economy and Society,* núm. 35, 2, mayo de 2006, pp. 209-31.

Grupo de Río (2009), Tercera Reunión de Coordinadores Nacionales, *Propuesta de México para Conformar una Nueva Organización Regional,* 27 de marzo de 2009.

Gudynas, Eduardo (2006), "Comunidad Sudamericana de Naciones", en *Revista del Sur,* núm. 168, 11-12/2006.

Guimarães, Samuel Pinheiro (2006), *Desafios brasileiros na era dos gigantes,* Rio de Janeiro, Contraponto.

Guimarães, Samuel Pinheiro (Org.) (1999), *ALCA e Mercosul. Riscos e oportunidades para o Brasil*, Brasília, IPRI-FUNAG / MRE.

Heine, Jorge (2006), "Between a Rock and a Hard Place: Latin America and Multilateralism after 9/11", en Newman, Edward, Thakur, Ramesh y Tirman, John (eds.), *Multilateralism under Challenge? Power. International Order, and Structural Change*, Tokyo-Nueva York-París, United Nations University Press.

Hoffay, Mercedes (2010), "UNASUR ¿Un interlocutor autorizado con los EE.UU.?", en *Pensamiento Propio*, núm. 31, 1-7/2010.

I Cumbre de América Latina y el Caribe sobre Integración y Desarrollo (CALC) (2008a), *Declaración de Salvador, Bahía*, Costa de Sauípe, Bahía, 16 y 17 de diciembre de 2008.

I Cumbre de América Latina y el Caribe sobre Integración y Desarrollo (CALC) (2008b), *Comunicado Sobre la Cuestión de las Islas Malvinas*, Costa de Sauípe, Bahía, 16 y 17 de diciembre de 2008.

I Cumbre de América Latina y el Caribe sobre Integración y Desarrollo (CALC) (2008c), *Declaración de Apoyo a Bolivia*, Costa de Sauípe, Bahía, 16 y 17 de diciembre de 2008.

I Cumbre de América Latina y el Caribe sobre Integración y Desarrollo (CALC) (2008d), *Declaración Especial Sobre la Necesidad de Poner Fin al Bloqueo Económico, Comercial y Financiero Impuesto por el Gobierno de los Estados Unidos de América a Cuba, Incluida la Aplicación de la Llamada Ley Helms-Burton*, Costa de Sauípe, Bahía, 16 y 17 de diciembre de 2008.

I Cumbre de América Latina y el Caribe sobre Integración y Desarrollo (CALC) (2008e), *Comunicado de Apoyo a la Solicitud del Sistema de la Integración Centroamericana (SICA) a la Unión Europea para que Continúe Otorgando*

a Panamá los Beneficios del Régimen SGP+ (Panamá),
Costa de Sauípe, Bahía, 16 y 17 de diciembre de 2008.
II Reunión de Ministros de Relaciones Exteriores de América
Latina y el Caribe Sobre Integración y Desarrollo
(CALC) (2009), *Proyecto de Plan de Acción de Montego
Bay*, Montego Bay, 6 de noviembre de 2009.

Ikenberry, G. John (1996), "The future of international
leadership", en *Political Science Quarterly*, núm. 111, 3.

Jarque, Carlos, Ortiz, María Salvadora y Quenan, Carlos
(editores) (2009), *América Latina y la Diplomacia de
Cumbres*, SEGIB.

Kacowicz, Arie (2005), *The Impacts of Norms in International
Society. The Latin American Experience, 1881-2001*,
University of Notre Dame Press, Notre Dame.

Kaldor, Mary (2003), "Haz la ley y no la guerra: la aparición
de la sociedad civil global", en Castells, Manuel y Serra,
Narcís (editores), *Guerra y paz en el siglo XXI. Una
perspectiva comparada*, Barcelona, Tusquets.

Katz, Claudio (2006), *El rediseño de América Latina.
ALCA, MERCOSUR y ALBA*, Buenos Aires, Ediciones
Luxembourg.

Kazancigil Alí (2007), "The Significance of Statehood
in Global Governance", en De Senarclens, Pierre y
Kazancigil, Alí (editores), *Regulating Globalization.
Critical Approaches to Global Governance*, Tokyo,
United Nations University Press.

Kelsen, Hans (1986), *Derecho y paz en las relaciones internacionales*, México, Fondo de Cultura Económica.

Korzeneiwicz, Roberto Patricio, y William C. Smith. (2005),
"Transnational civil society actors and regional governance in the Americas: Elite projects and collective
action from below", en Louise Fawcett y Monica Serrano
(eds.), *Regionalism and governance in the Americas*,
New York, Palgrave, pp. 135-57.

Krasner, Stephen (2000), "La soberanía perdurable", en *Colombia Internacional,* núm. 53, pp. 25-41 y 27-28.

Krasner, Stephen (2001), *Soberanía, hipocresía organizada,* Buenos Aires, Paidós.

Lagos, Ricardo (comp.) (2008), *América Latina: ¿integración o fragmentación?,* Buenos Aires, Edhasa.

Legler, Thomas (2010), "Learning the hard way: Defending democracy in Honduras", en *International Journal,* núm. 65, 3, verano de 2010, pp. 57-74.

Lladós, José Maria, y Guimarães, Samuel Pinheiro (Orgs.) (1997), *Perspectivas: Brasil e Argentina,* Brasília, IPRI-FUNAG / MRE (2 vols.).

Lodola, Germán *et al.* (2004), *Neopopulismo na América Latina,* Rio de Janeiro, Fundação Konrad Adenauer.

Lowenthal. Abraham F. (2009), "Renewing cooperation in the Americas", en Abraham F. Lowenthal, Theodore J. Piccone, y Laurence Whitehead (eds.), *The Obama Administration and the Americas,* Washington DC, Brookings Institution, pp. 3-21.

Lula da Silva, Luiz Inácio (2008), *Discurso del presidente Luiz Inácio Lula da Silva en la Cumbre de América Latina y el Caribe sobre Integración y Desarrollo (CALC),* Costa de Sauípe, Bahía, Brasil, 16 y 17 de diciembre de 2008.

Maggi, Claudio, y Dirk Messner (Editores) (2002), *Gobernanza global: Una mirada desde América Latina,* Caracas, Fundación Desarrollo y Paz, Nueva Sociedad.

Malamud, Andrés (2009), *Four Latin American summits and Brazil's leadership,* s/r.

Malamud, Andrés, y Pablo Castro (2007), "Are regional blocs leading from nation states to global governance? A skeptical view from Latin America", en *Iberoamericana: Nordic Journal of Latin American and Caribbean Studies,* núm. 37, 1, pp. 115-134.

Mellado, Noemí (2006), "Desafíos que plantea la Comunidad Sudamericana de Naciones. Entre transformaciones y continuidades", en *Aportes para la Integración Latinoamericana*. Año XII núm. 14, 7/2006.

Montaño, Jorge (2010), "Con OEA o sin ella", en *El Universal*, 26 de febrero de 2010.

Nerys Fernández, Wilson (2010), "La integración física y la viabilidad del IIRSA", en Cienfuegos, Manuel y Sanahuja, José Antonio (Editores), *Una región en construcción. UNASUR y la integración en América del Sur*, Barcelona, Fundación CIDOB.

Newman, Edward, Thakur, Ramesh y Tirman, John (2006), "Conclusion: Multilateralism Under Challenge or in Crisis?", en Newman, Edward, Thakur, Ramesh y Tirman, John (editors.), *Multilateralism under Challenge? Power, International Order, and Structural Change*, Tokio-Nueva York-París, United Nations University Press.

O'Brien, Robert, A. M. Goetz, y Jan Aart Scholte (2000), *Contesting global governance*, Cambridge, Cambridge University Press.

Oliva, Carlos (2007), "El ALBA y la CSN: entre la concertación y la confrontación. Algunos apuntes para el debate". Ponencia presentada en el seminario regional Paradigmas de la integración en América Latina y el Caribe, Santo Domingo, CRIES / Fundación Friederich Ebert, 20 de abril de 2007.

Partnership for the Americas Commission (2008), *Rethinking U.S.-Latin American relations: A hemispheric partnership for a turbulent world*, Washington DC, Brookings Institution.

Pellicer, Olga (2010a), "Las palabras y los hechos", en *Proceso*, 11 de marzo de 2010.

Pellicer, Olga (2010b), "Una Cumbre llena de riesgos", en *Proceso*, 19 de febrero de 2010.

Reunión de Ministros de Relaciones Exteriores de la CALC (2010), *Declaración Ministerial de Caracas*. Caracas, Venezuela, el 3 de julio de 2010.

Revista *Nueva Sociedad*, núm. 227, mayo-junio de 2010, disponible en línea: www.nuso.org.

Riggirozzi, Pía (2010), "Crisis, Resilience and Transformation: Regionalism beyond Europe". Trabajo presentado en el seminario "El regionalismo en América del Sur: ¿globalización desde el Sur o continuación de la política nacional por otros medios?", Buenos Aires, FLACSO, 29 de junio de 2010.

Rodrigues, Gilberto y Rodrigues, Thiago (2010), "A União das Nações Sul-Americanas (Unasul) e os novos temas da agenda regional de paz e segurança: papéis e mecanismos de participação da sociedade civil", Trabajo presentado en el seminario "Multilateralismo, sociedad civil y prevención de conflictos", Buenos Aires, CRIES / CARI, 27 y 28 de julio de 2010.

Rojas Aravena, Francisco (2007a), "20 años del Grupo de Río. Renovando las oportunidades de concertación regional", en *Nombres Propios*, Fundación Carolina.

Rojas Aravena, Francisco (2007b), *La Integración Regional: Un Proyecto Político Estratégico,* III Informe del Secretario General. FLACSO-Secretaría General, disponible en línea: www.flacso.org

Rojas Aravena, Francisco (2009), *Integración en América Latina: Acciones y Omisiones; Conflictos y Cooperación.* IV Informe del Secretario General. FLACSO- Secretaría General, disponible en línea: www.flacso.org

Rojas Aravena, Francisco (2010), "La Comunidad de Estados Latinoamericanos y del Caribe: ¿Opción viable para consolidar el multilateralismo latinoamericano?", en *Foreign Affairs Latinoamérica,* núm. 10, 3, junio-septiembre de 2010, pp. 24-31.

Rojas Aravena, Francisco (Editor) (1999), *Argentina, Brasil y Chile: integración y seguridad,* Caracas, Nueva Sociedad / FLACSO-Chile.

Romero, Carlos A. (2006), *Jugando con el globo. La política exterior de Hugo Chávez*, Caracas, Ediciones B.

Rosenau, James N. (2002), "Governance in a new global order", en David Held y Anthony McGrew (eds.), *Governing globalization: Power, authority, and global governance*, Cambridge, UK, Polity, pp. 70-86.

Sanahuja, José Antonio (2010), "La construcción de una región: Sudamérica y el regionalismo posliberal", en Cienfuegos, Manuel y Sanahuja, José Antonio (Editores), *Una región en construcción. UNASUR y la integración en América del Sur*, Barcelona, Fundación CIDOB.

Schifter, Michael (2007), "Hugo Chávez. Un desafío para la política exterior de los EE.UU.", en *Informe Especial del Diálogo Interamericano*, Washington DC, marzo de 2007.

Secretaría de Relaciones Exteriores de México (2010), *Primer informe de labores de la Secretaría de Relaciones Exteriores 2007*, pp. 18 y 19, disponible en línea: http://www.sre.gob.mx/eventos/docs/1er_inf_lab07.pdf (consulta: 29 de junio de 2010).

Segrelles Serrano, José Antonio (2006), "Los recientes procesos de integración regional de América del Sur: ALCA, ALBA y CSN", en *Aportes para la Integración Latinoamericana*. Año XII núm. 14, 7/2006.

Sennes, Ricardo y Pedroti, Paula (2008), "Entre la geopolítica y la geoeconomía: la energía en las relaciones latinoamericanas", en Lagos, Ricardo (comp.), *América Latina: ¿integración o fragmentación?*, Buenos Aires, Edhasa.

Serbin, Andrés (2003a), "Desafíos y obstáculos políticos al ALCA", en *Nueva Sociedad*, núm. 186, 7-8/2003.

Serbin, Andrés (2003b), "El largo (y difícil) camino hacia una integración sudamericana", en Ahumada, Consuela y Cancino, Arturo (Editores), *Comunidad Andina*

y MERCOSUR en la perspectiva del ALCA, Bogotá,
Editorial Javeriano.

Serbin, Andrés (2003c), "Retos de una diplomacia ciudadana en América Latina y el Caribe: Hacia una necesaria
autoevaluación crítica", en *Futuros*, 1, 1.

Serbin, Andrés (2007), "Entre UNASUR y ALBA: ¿otra integración (ciudadana) es posible?", en Mesa, Manuela
(coord.), *Paz y conflictos en el siglo XXI: tendencias
globales*, Madrid, Fundación Cultura de Paz / Editorial
Icaria.

Serbin, Andrés (2008a), "El gran ausente: ciudadanía e integración regional", en Altmann, Josette y Rojas Aravena,
Francisco (Editores), *Las paradojas de la integración
en América Latina y el Caribe*, Madrid, Fundación
Carolina / Siglo XXI de España.

Serbin, Andrés (2008b), "Tres liderazgos y un vacío: América
Latina y la nueva encrucijada regional", en Mesa,
Manuela (coord.), *Escenarios de crisis: Fracturas y
pugnas en el sistema internacional*, Madrid, Fundación
Cultura de Paz / Editorial Icaria.

Serbin, Andrés (2010a), "¿Un boom del multilateralismo
latinoamericano? Factores condicionantes y rasgos
distintivos", en Martínez, Laneydi, Ramazzini, Haroldo
y Vásquez, Marina (Editores), *Anuario de la integración
de América Latina y el Gran Caribe*, Buenos Aires,
CRIES.

Serbin, Andrés (2010b), "Avatares del multilateralismo
latinoamericano", en *Foreign Affairs Latinoamérica*,
núm. 10, 3, junio-septiembre de 2010, pp. 6-11.

Serbin, Andrés (2010c), "De despertares y anarquías: avatares de la concertación regional", en *Foreign Affairs
Latinoamérica*. Vol. 10, núm. 3.

Serbin, Andrés (2010d), "La Administración Obama y
la agenda hemisférica", en Mesa, Manuela (coord.),
Balance de una década de paz y conflictos: tensiones

y retos en el sistema internacional, Madrid, Fundación Cultura de la Paz / Icaria.

Serbin, Andrés (2010e), "Obama y América Latina: a más de un año", en *Pensamiento Propio,* núm. 31, 1-7/2010.

Serbin, Andrés (2010f), "Venezuela: el escenario regional como (un deseo de un) único escenario", en Tussie, Diana y Trucco, Pablo (Editores), *Nación y Región en América del Sur,* Buenos Aires, Teseo / LATn / FLACSO.

Serbin, Andrés (2010g), *OEA y UNASUR: Seguridad regional y sociedad civil en América Latina,* Documentos CRIES, núm. 14, Buenos Aires, CRIES.

Shaw, Carolyn M. (2003), *Cooperation, conflict, and consensus in the Organization of American States,* New York, Palgrave.

Soares de Lima, María Regina (2009), "La política exterior brasileña y los desafíos de la gobernanza global", en *Foreign Affairs Latinoamérica.* Volumen 9. Número 2. p. 29.

Soares, Laura Tavares Ribeiro (1999), *Ajuste neoliberal e desajuste social na América Latina,* Rio de Janeiro, UFRJ.

Solís, Luis Guillermo y Rojas Aravena, Francisco (coord.) (2006), *La integración latinoamericana. Visiones regionales y subregionales,* San José de Costa Rica, Juricentro, Obreal, FLACSO.

Tratado Constitutivo de la Unión de Naciones Sudamericanas. Disponible en línea: www.comunidadandina.org/unasur/tratado_constitutivo.htm

Valenzuela, Arturo (1997), "Paraguay: The coup that didn't happen", en *Journal of Democracy,* núm. 8, enero de 1997, pp. 43-55.

Vivares, Ernesto (2010), "The Changing Regional Governance of Financing Development: the Southern Bank", Trabajo presentado en el seminario "El regionalismo en América del Sur: ¿globalizando desde el Sur o continuación de la política nacional por otros medios?", Buenos Aires, FLACSO, 29 de junio de 2010.

ANEXOS

1. I Cumbre de América Latina y el Caribe sobre Integración y Desarrollo (CALC)

1.1. Declaración de Salvador, Bahía. I Cumbre de América Latina y el Caribe sobre Integración y Desarrollo (CALC), Costa de Sauípe, Bahía, 16 y 17 de diciembre de 2008

Los Jefes de Estado y de Gobierno de los países de América Latina y el Caribe, conscientes del significado histórico de esta primera Cumbre para la unidad de la región, se reunieron en Salvador, Bahía, Brasil, los días 16 y 17 de diciembre de 2008, con el propósito de profundizar la integración regional y establecer compromisos efectivos de acción conjunta para la promoción del desarrollo sostenible de sus pueblos.

Los Jefes de Estado y de Gobierno examinaron, desde una perspectiva latinoamericana y caribeña, las cuestiones relacionadas con la integración y el desarrollo en el contexto de los desafíos representados por la crisis financiera, de energía, alimentaria y por el cambio climático.

2. Expresaron la convicción de que la integración política, económica, social y cultural de América Latina y el Caribe es una aspiración histórica de sus pueblos y constituye un factor necesario para avanzar hacia el desarrollo sostenible y el bienestar social en toda la región. Recordaron también la importancia de la integración regional para la

interacción de América Latina y del Caribe con el resto del mundo.

3. Destacaron los avances alcanzados en los distintos mecanismos de integración existentes y resaltaron su importancia para la promoción de la democracia, la justicia social, la erradicación de la pobreza, el combate al analfabetismo, el enriquecimiento de la cultura, el desarrollo tecnológico y el crecimiento de las economías de sus países.

4. Asimismo, decidieron promover la articulación y la convergencia de acciones, por medio del intercambio de experiencias y la identificación de áreas de cooperación entre los distintos mecanismos de integración, sobre la base de los principios de solidaridad, flexibilidad, pluralidad, diversidad, complementariedad de acciones y participación voluntaria en las iniciativas consideradas.

5. Asumieron el compromiso con el desarrollo regional integrado, no excluyente y equitativo, teniendo en cuenta la importancia de asegurar un tratamiento favorable a las economías pequeñas y vulnerables, a los países en desarrollo sin litoral marítimo e insulares.

6. Reiteraron su compromiso con la construcción de un orden internacional más justo, equitativo y armónico, fundado en el respeto al Derecho Internacional y a los principios de la Carta de las Naciones Unidas, entre ellos la igualdad soberana de los Estados, la solución pacífica de controversias, el respeto a la integridad territorial y la no intervención en los asuntos internos de los Estados. Reafirmaron su compromiso con la defensa de la soberanía y del derecho de todo Estado a construir su propio sistema político, libre de amenazas, agresiones y medidas coercitivas unilaterales en un ambiente de paz, estabilidad, justicia, democracia y respeto a los derechos humanos.

7. Subrayaron que la democracia, los derechos humanos, las libertades fundamentales y el desarrollo son interdependientes y se refuerzan mutuamente. Renovaron

su compromiso con el continuo perfeccionamiento y consolidación de las instituciones democráticas en sus países,
para garantizar el pleno ejercicio de todos los derechos
humanos y libertades fundamentales, la amplia y activa
participación popular en los asuntos de interés común, y la
distribución justa y equitativa de los beneficios generados
por el desarrollo.

8. Resaltaron que el fortalecimiento del multilateralismo es fundamental para asegurar un mundo más
estable y pacífico, por lo que es urgente emprender una
verdadera reforma de las Naciones Unidas que la fortalezca
y garantice la eficacia, transparencia, representatividad y
democratización de sus órganos principales, en particular
el Consejo de Seguridad.

9. Reconocieron que sus países se enfrentan a enormes
desafíos comunes para superar la pobreza y la exclusión
social y que esos desafíos han sido exacerbados por la actual
crisis financiera, alimentaria y de energía. Asumieron el
compromiso de trabajar en conjunto contra la desigualdad,
por medio de la cooperación y el intercambio de experiencias. En ese sentido, reafirmaron la determinación de poner
en marcha una vigorosa agenda social en la región, que
corresponda a los compromisos asumidos en la Declaración
de los Objetivos de Desarrollo del Milenio. Subrayaron la
importancia de políticas y programas destinados a ampliar
las oportunidades para toda la población, particularmente
para los sectores más vulnerables, erradicar el hambre y
la pobreza, asegurar el acceso a la vivienda, trabajo digno
y decente, así como el acceso universal y de calidad a los
servicios básicos de salud y educación.

Destacaron en este sentido la importancia del fortalecimiento de la cooperación Sur-Sur y triangular, para
complementar los esfuerzos nacionales de desarrollo de
los países de renta media en el combate a la pobreza y el

cumplimiento oportuno de los Objetivos de Desarrollo del Milenio.

10. Como representantes de sociedades multiétnicas, multiculturales y plurilingües, reafirmaron el valor de la diversidad y manifestaron su preocupación por el aumento de la xenofobia y la discriminación en el mundo y por iniciativas tendentes a impedir la libre circulación de personas. En ese sentido, condenaron la criminalización de los flujos migratorios y las medidas que atentan contra los derechos humanos de los migrantes. Reafirmaron que la libre circulación de personas es tan importante como la circulación de bienes y los flujos financieros.

11. Reiteraron su compromiso con el desarrollo sostenible y subrayaron que los patrones insostenibles de producción y consumo, particularmente en los países desarrollados, amenazan el medio ambiente y el equilibrio climático y provocan el rápido agotamiento de los recursos naturales en el plano global.

12. Expresaron su apoyo a la adopción, en el año 2010, de un régimen internacional jurídicamente vinculante sobre el acceso y distribución de beneficios derivados del uso de recursos genéticos y conocimientos tradicionales asociados, en el marco de la Convención sobre la Diversidad Biológica, y de conformidad con sus legislaciones nacionales, como corresponda.

13. Instaron a la comunidad internacional a apoyar a los países en desarrollo en sus esfuerzos de conservación y manejo sostenible de los bosques, a través de mecanismos financieros internacionales de compensación. Recomendaron también la consideración de propuestas como la creación de un Fondo Verde.

14. Enfatizaron su compromiso con la plena, eficaz y sostenida implementación de la Convención Marco de las Naciones Unidas sobre el Cambio Climático y del Protocolo de Kyoto, en un esfuerzo global con base en el principio

de las responsabilidades comunes pero diferenciadas, las respectivas capacidades nacionales y las legítimas aspiraciones de los países en desarrollo.

En lo que se refiere a la reducción de las emisiones de gases que provocan el efecto invernadero, destacaron la necesidad de metas más ambiciosas.

Resaltaron la importancia de los trabajos sobre cooperación a largo plazo y sobre nuevos compromisos para los Estados Partes del Anexo I de la Convención Marco.

Subrayaron la necesidad de que los países desarrollados cumplan sus compromisos bajo la Convención Marco en materia de financiamiento, transferencia de tecnología y creación de capacidades en los países en desarrollo más vulnerables a los efectos adversos del cambio climático, en particular los Pequeños Estados Insulares en Desarrollo y los países costeros con tierras bajas, para asistirlos a enfrentar sus necesidades de mitigación y adaptación, sin condicionalidades.

15. Ante los fuertes desequilibrios entre oferta y demanda de energía en el mundo, enfatizaron la urgencia de los esfuerzos de cooperación, complementación e integración regional en el sector de energía.

Teniendo en cuenta la interrelación entre la cuestión energética y el cambio climático, resaltaron la importancia de la conservación, el ahorro y el uso eficiente de los recursos energéticos.

Enfatizaron que el desarrollo de fuentes renovables de energía es importante para el desarrollo económico y social, la innovación tecnológica y la generación de energías menos contaminantes, con efectos positivos para la reducción de las emisiones de gases que contribuyen al calentamiento global. En este contexto, resaltaron la importancia de asegurar la transferencia de tecnología y el financiamiento para la investigación y desarrollo de energías renovables.

16. Resaltaron la urgencia de una conclusión exitosa de la ronda Doha de la Organización Mundial de Comercio (OMC) que garantice la realización de los objetivos de desarrollo, mediante un acuerdo equilibrado y equitativo sobre acceso a mercados para agricultura y productos industriales. Recordaron la necesidad de respetar el criterio de reciprocidad menos que plena y de garantizar espacio para que los países en desarrollo puedan implementar sus políticas industriales.

Reiteraron que los países desarrollados deben eliminar los subsidios a sus exportaciones agrícolas y reducir de manera efectiva los subsidios que otorgan a sus productores agrícolas. Condenaron esa práctica abusiva de concesión de subsidios agrícolas que generan y amplifican las distorsiones en el comercio mundial, desplazan los productos más competitivos de los países en desarrollo y desalientan la inversión y la producción agrícola, lo que representa un riesgo para la seguridad alimentaria y nutricional de la población de los países en desarrollo más vulnerables.

Coincidieron en la importancia de atender las necesidades especiales de los países en desarrollo, en particular de las economías pequeñas, a fin de permitir su efectiva inserción en el comercio mundial.

17. Manifestaron su gran preocupación por la crisis financiera actual. Recordaron que los países desarrollados fueron los causantes de la crisis y que por ende deben asumir los costos de su solución.

Recordaron también que las economías emergentes contribuyen significativamente al crecimiento de la economía mundial y que los países en desarrollo no deben ser penalizados por prácticas financieras no sustentables en los países desarrollados.

Defendieron la necesidad de un amplio diálogo internacional, con la participación activa de los países en desarrollo, para la construcción de una nueva arquitectura financiera internacional que incluya la adopción de mecanismos de regulación eficientes y disciplinas transparentes de gobernabilidad para el sistema financiero mundial.

En ese sentido, reiteraron su pleno respaldo a la convocatoria de la Conferencia de Alto Nivel sobre la crisis financiera, a realizarse en las Naciones Unidas en el primer semestre de 2009.

Asimismo, resaltaron la importancia y la urgencia de fortalecer los mecanismos financieros regionales y subregionales para fomentar la integración y el desarrollo en el contexto de la crisis financiera global.

18. Reafirmaron la convicción de que la profundización de la integración regional y el fortalecimiento de los lazos comerciales y de los flujos de inversión pueden desempeñar un papel decisivo para el crecimiento de sus economías y la preservación de los logros económicos y sociales alcanzados. Manifestaron en ese sentido el compromiso con el incremento del intercambio comercial, entre sus países y a nivel mundial, para hacer frente a la crisis financiera actual. Hicieron asimismo hincapié en la necesidad de reglas estables en el sistema de comercio internacional que impulsen la recuperación económica mundial.

19. Celebraron las acciones que el grupo Bicentenario viene realizando en pos del reconocimiento y la valoración de los aspectos comunes de las gestas independentistas de los países de América Latina y el Caribe. Resaltaron que estas acciones contribuyen a generar conciencia acerca del pasado compartido por pueblos de las Américas y a fomentar la proyección de un futuro que los encuentre integrados en la diversidad.

20. Señalaron la importancia de mantener el diálogo y la cooperación permanente, encaminados a enfrentar amenazas comunes a la seguridad de los países de América Latina y el Caribe, tales como el problema mundial de las

drogas y la delincuencia organizada transnacional, en sus diferentes manifestaciones.

21. Señalaron la importancia de que el diálogo y la cooperación entre los países latinoamericanos y caribeños generen resultados tangibles y beneficios mutuos, acordes con las altas aspiraciones de desarrollo y prosperidad de sus respectivas sociedades, teniendo como base el intercambio de experiencias y de conocimientos y con fundamento en el patrimonio acumulado por las instituciones regionales existentes. Destacaron la importancia de promover el diálogo con otros países y regiones del mundo.

22. Los Jefes de Estado y de Gobierno de América Latina y el Caribe agradecieron al Presidente de Brasil por la iniciativa de celebrar la Cumbre de América Latina y el Caribe sobre Integración y Desarrollo (CALC), en la ciudad histórica de Salvador, Bahía, Brasil, los días 16 y 17 de diciembre de 2008, y manifestaron su gratitud al gobierno y al pueblo brasileños por la cálida acogida y la hospitalidad que han facilitado el resultado exitoso de la Cumbre.

23. Como demostración de su firme propósito de avanzar con celeridad en la cooperación en los diversos temas de la agenda común, y teniendo en cuenta los principios de flexibilidad y participación voluntaria en las iniciativas, los Jefes de Estado y de Gobierno decidieron:

1. Cooperación entre los mecanismos regionales y subregionales de integración

• Intensificar el diálogo, la interacción y la sinergia entre los mecanismos regionales y subregionales de integración en América Latina y el Caribe para profundizar la integración y acelerar el desarrollo mediante la articulación de proyectos comunes y complementarios.

• Fortalecer la cooperación entre las secretarías de los mecanismos regionales y subregionales de integración y propiciar la realización de reuniones y la interacción frecuente entre las secretarías.

• Establecer temas prioritarios para la colaboración de mecanismos regionales y subregionales de integración y encomendar un estudio sobre sus posibilidades de complementación.

2. Crisis financiera internacional

• Promover el intercambio de información sobre el impacto de la crisis financiera en los países de la región y sobre las medidas tomadas para el control y mitigación de sus efectos.

• Proponer un amplio diálogo, consultando –cuando sea apropiado– a nivel de expertos regionales o de ministros de Finanzas o similares, con miras a construir una nueva arquitectura financiera internacional que garantice la democratización y la transparencia de la gestión financiera internacional y el fortalecimiento de los mecanismos de regulación, en aras de establecer instrumentos efectivos de gobernabilidad y de prevención y respuesta inmediata ante futuras crisis.

• Construir una posición común ante la crisis financiera y participar activamente en la Conferencia de Alto Nivel sobre la Crisis Financiera que tendrá lugar en el marco de la Asamblea General de las Naciones Unidas en el primer semestre de 2009.

• Encomendar a los ministros de Finanzas o similares la elaboración de una estrategia con miras a la construcción progresiva de una arquitectura financiera regional y subregional que incluya la consideración de las siguientes propuestas:

- Un sistema multilateral y voluntario de pagos a partir de las experiencias existentes en la región, incluyendo mecanismos de pagos en monedas nacionales.

- Evaluación de experiencias existentes en materia de moneda común.

- Fortalecimiento o desarrollo de mecanismos regionales para la estabilización de la balanza de pagos.

- Integración de los mercados financieros a nivel regional y subregional con adecuados mecanismos de supervisión, regulación y transparencia.

- Fortalecimiento y creación de instituciones o fondos financieros para apoyar proyectos de desarrollo e integración de la región, incluyendo la coordinación de dichos fondos e instituciones.

- Cooperación entre los bancos nacionales y regionales de fomento.

3. Energía

• Promover la cooperación regional para maximizar la generación de energía y fortalecer la seguridad energética.

• Promover mayor integración de la infraestructura en el sector de energía, estimulando la complementariedad de los recursos energéticos existentes en la región.

• Promover la cooperación regional en la diversificación de fuentes de energía y el aumento del uso de fuentes renovables.

• Promover el intercambio de experiencias y buenas prácticas sobre políticas energéticas basadas en el ahorro y la eficiencia.

• Promover el intercambio de experiencias y la transferencia de tecnología sobre programas nacionales de biocombustibles.

• Promover la realización de reuniones regionales para avanzar en la implementación de esos objetivos.

4. Infraestructura física

• Ampliar el intercambio y la cooperación entre los países de América Latina y del Caribe en materia de infraestructura, con base en la experiencia acumulada en las esferas nacionales, subregionales y regionales.

• Intensificar iniciativas para promover y ejecutar políticas de ampliación de la conectividad y proyectos de infraestructura para ampliar los servicios de transporte aéreo, marítimo, fluvial y terrestre, así como el transporte multimodal.

• Promover políticas públicas y acciones específicas que atiendan, en el campo de la infraestructura, a los requerimientos de la integración fronteriza.

• Desarrollar una agenda de trabajo para identificar y superar las dificultades normativas y regulatorias en el campo de la infraestructura.

• Promover la realización de una reunión entre mecanismos subregionales vinculados con la integración de la infraestructura física en América Latina y el Caribe.

5. Desarrollo social y erradicación del hambre y la pobreza

• Acelerar los programas sociales en la región para cumplir y superar las Metas del Milenio relativas a la erradicación del hambre y la pobreza, con políticas públicas de inclusión social y superación de las desigualdades económicas, con dotación de mayores recursos presupuestarios.

• Promover el acceso universal, equitativo y de calidad a la educación primaria y a los servicios de salud, saneamiento y suministro de agua potable, en especial para las personas en condición de pobreza extrema.

• Ampliar la cooperación regional para la implementación de programas que permitan asegurar la reducción de la mortalidad infantil, mejorar la salud materna, con especial énfasis en las zonas rurales, y combatir las epidemias de mayor impacto.

• Implementar programas específicos para la juventud en el ámbito de los programas nacionales de desarrollo, sobre todo en áreas como educación, salud, empleo, capacitación, emprendedurismo, entre otros.

• Adoptar programas integrales y flexibles, adaptados a las realidades socioeconómicas y culturales de cada país, región y grupo poblacional, que permitan erradicar el analfabetismo en todos los países de América Latina y el Caribe antes del año 2015.

• Promover la formulación y ejecución de programas sociales enfocados a atender las necesidades básicas diferenciadas de los grupos más vulnerables, como niños, niñas, mujeres, adultos mayores y personas con discapacidad.

• Garantizar que los acuerdos de comercio regionales e internacionales en que participen los países de la región respondan a las necesidades relacionadas con el desarrollo social y la implementación sostenible de las Metas del Milenio.

• Promover la elaboración de un plan de acción integral para concretar la cooperación y hacer más efectiva la ayuda para los países de renta media, según lo acordado en las conferencias internacionales de alto nivel en la materia.

• Promover la realización de reuniones regionales para el intercambio de experiencias exitosas en las áreas antes mencionadas.

6. Seguridad alimentaria y nutricional

• Promover acciones para garantizar la seguridad alimentaria y nutricional, por medio de políticas públicas que impulsen el desarrollo rural, la producción sustentable de alimentos, su inocuidad, su distribución y comercialización.

• Promover la coordinación regional de iniciativas sobre la seguridad alimentaria y nutricional y el intercambio de tecnologías, a través de las instancias subregionales existentes, prestando la debida atención a los aspectos de emergencia y a los aspectos estructurales relativos a la producción, comercialización y distribución de los alimentos.

• Incorporar la perspectiva de derechos humanos en la elaboración y revisión de las estrategias nacionales orientadas a garantizar la seguridad alimentaria y nutricional, con amplia participación social, particularmente de los sectores más vulnerables.

• Impulsar la introducción de tecnologías ambientalmente sanas de producción agrícola, el aumento de la productividad y competitividad de los pequeños y medianos productores, incluyendo los campesinos, y su acceso a los recursos productivos.

• Impulsar el desarrollo productivo, tecnológico y de inversiones, particularmente orientado hacia la pequeña producción agrícola.

• Combatir el abuso monopólico en los sistemas de producción y distribución de alimentos.

• Fortalecer los procesos de integración en el ámbito alimentario y conjugar esfuerzos en apoyo a la Iniciativa América Latina y el Caribe Sin Hambre 2025.

7. Desarrollo sostenible

• Estimular la identificación, fortalecimiento e intercambio de buenas prácticas de desarrollo sostenible en la región, en temas como la incorporación del componente ambiental en las acciones gubernamentales, la participación social en políticas públicas y el manejo sustentable de los recursos naturales.

• Impulsar las iniciativas de cooperación Sur-Sur y Norte-Sur para la promoción del desarrollo sostenible.

• Fortalecer la Iniciativa Latinoamericana y Caribeña para el Desarrollo Sostenible (ILAC).

• Promover la cooperación en materia de manejo sustentable del patrimonio natural, la conservación de la biodiversidad, los ecosistemas y el agua.

• Impulsar iniciativas con la finalidad de convertir a los países en desarrollo, particularmente los países de

América Latina y el Caribe, en exportadores de servicios ambientales.

• Promover la realización de reuniones regionales para avanzar en la implementación de esos objetivos.

8. Desastres naturales

• Asegurar la coordinación necesaria entre los mecanismos de prevención, reducción de riesgos, mitigación y respuesta a los desastres naturales, en los niveles nacional, regional y global, en los esfuerzos para el cumplimiento de los objetivos de reducción del riesgo de desastres naturales.

• Fortalecer las iniciativas regionales de asistencia humanitaria y promover el establecimiento de protocolos de ayuda mutua u otros dispositivos simplificados de respuesta ante desastres naturales.

• Fortalecer la cooperación entre los puntos focales nacionales para la prevención y respuesta a los desastres naturales, en coordinación con organismos y comités internacionales y subregionales como la Agencia Caribeña de Respuesta a Emergencias en Casos de Desastre (CDERA), el Centro para la Prevención de los Desastres Naturales en América Central (CEPREDENAC), el Comité Andino para la Prevención y Asistencia de Desastres (CAPRADE) y la Reunión de Defensa Civil y Asistencia Humanitaria Internacional del MERCOSUR.

• Promover el fomento e intercambio de buenas prácticas para la reducción del riesgo ante los desastres naturales a nivel regional y subregional.

• Proponer medidas para la promoción de la educación y la capacitación en materia de protección ambiental con miras a generar una conciencia colectiva y en consecuencia mitigar los efectos de los desastres naturales provocados por el hombre.

• Promover la realización de reuniones regionales para avanzar en la implementación de esos objetivos.

9. Promoción de los derechos humanos y combate al racismo

• Fomentar y fortalecer la cooperación internacional para la promoción y protección de todos los derechos humanos y las libertades fundamentales, de conformidad con los propósitos y principios enunciados en la Carta de las Naciones Unidas y el Derecho Internacional.

• Fomentar el intercambio sobre experiencias nacionales en la preparación y presentación de informes ante el Mecanismo de Examen Periódico Universal (UPR) y otros mecanismos internacionales, según los compromisos de cada país.

• Promover el reconocimiento y la realización de los derechos de tercera generación o de solidaridad, en particular el derecho al desarrollo.

• Estrechar la cooperación regional e internacional para combatir el racismo y la discriminación, inclusive en el contexto de la preparación de la Conferencia de Revisión de Durban contra el Racismo, la Discriminación Racial, la Xenofobia y las Formas Conexas de Intolerancia.

10. Circulación de personas y migraciones

• Facilitar la integración de los migrantes a las sociedades de acogida, promover facilidades para la residencia, el trabajo y la regularización, en consonancia con las legislaciones nacionales.

• Fomentar que la migración ocurra de manera regular y con pleno respeto de los derechos humanos de los migrantes y sus familias.

• Difundir las contribuciones positivas de la migración como un factor importante de desarrollo y disociarla de agendas negativas relacionadas con la criminalidad y seguridad. Asimismo, promover la cooperación y el intercambio de experiencias y buenas prácticas regionales y subregionales en el combate al crimen organizado, al tráfico ilícito de migrantes y a la trata de personas.

• Promover los derechos humanos de los migrantes y sus familias, independientemente de su condición migratoria, y combatir el racismo y la xenofobia a que puedan ser sometidos.

• Asegurar los derechos de seguridad social de los trabajadores migrantes, mediante la aplicación de los convenios bilaterales, subregionales y regionales, suscritos por los países de América Latina y del Caribe.

• Realizar reuniones regionales con miras a la profundización del diálogo y al desarrollo de programas de cooperación regional sobre migración y coordinar posiciones en el Foro Global sobre Migración y Desarrollo.

• Promover la integración fronteriza con la finalidad de facilitar la convivencia y fortalecer la solidaridad entre los habitantes de las áreas de frontera.

11. Cooperación Sur-Sur

• Identificar e implementar estrategias de cooperación Sur-Sur y triangular que potencien los esfuerzos en el ámbito de la cooperación técnica entre los países de la región.

• Intercambiar experiencias exitosas que puedan constituirse en buenas prácticas a nivel regional.

12. Proyección internacional de América Latina y el Caribe.

• Profundizar la coordinación de posiciones para proyectar una visión común de América Latina y el Caribe en diálogos externos.

• Promover el tratamiento del tema "Tecnología y Desarrollo Productivo" en diálogos externos.

Costa de Sauípe, Bahía, 16 y 17 de diciembre de 2008

Tomado de www.sre.gob.mx

1.2. Comunicado Sobre la Cuestión de las Islas Malvinas. I Cumbre de América Latina y el Caribe sobre Integración y Desarrollo (CALC), Costa de Sauípe, Bahía, 16 y 17 de diciembre de 2008

Nosotros, las Jefas y los Jefes de Estado y de Gobierno de los países de América Latina y el Caribe (CALC) reunidos en Salvador, República Federativa del Brasil, del 16 al 17 de diciembre de 2008;

CONSIDERANDO que en el ámbito de la Organización de los Estados Americanos se ha declarado en reiteradas oportunidades que la Cuestión de las Islas Malvinas constituye un tema de permanente interés hemisférico;

REAFIRMAMOS la necesidad de que los Gobiernos de la República Argentina y del Reino Unido de Gran Bretaña e Irlanda del Norte reanuden, cuanto antes, las negociaciones sobre la disputa de soberanía sobre las Islas Malvinas, Georgias del Sur y Sandwich del Sur y los espacios marítimos circundantes, con el objeto de encontrar una solución pacífica a esta prolongada controversia, en el marco de las resoluciones pertinentes de la Asamblea General de las Naciones Unidas y de su Comité Especial de Descolonización, así como de las reiteradas resoluciones y declaraciones sobre el mismo tema aprobadas por la Asamblea General de la Organización de los Estados Americanos.

Costa de Sauípe, Bahía, 16 y 17 de diciembre de 2008

Tomado de www.sre.gob.mx

1.3. Declaración de Apoyo a Bolivia. I Cumbre de América Latina y el Caribe sobre Integración y Desarrollo (CALC), Costa de Sauípe, Bahía, 16 y 17 de diciembre de 2008

Los países de América Latina y el Caribe, en oportunidad de la Cumbre realizada en Salvador (Bahía):

REITERAN la importancia de la indispensable colaboración y cooperación en materia de promoción comercial,

CONSCIENTES de que la lucha común contra el problema mundial de las drogas es una prioridad no sólo de nuestra región, sino también de otros países y bloques de Estados,

INSTAN al Gobierno de EUA a que siga otorgando a Bolivia los beneficios de la Ley de Promoción Comercial Andina y Erradicación de Drogas (ATPDEA), por su impacto en los flujos comerciales existentes y los puestos de trabajo en Bolivia, y animan a los gobiernos de EUA y Bolivia a realizar los esfuerzos, en un marco de diálogo y respeto recíproco, encaminados a continuar la cooperación en este ámbito.

Costa de Sauípe, Bahía, 16 y 17 de diciembre de 2008

Tomado de www.sre.gob.mx

1.4. Declaración Especial Sobre la Necesidad de Poner Fin al Bloqueo Económico, Comercial y Financiero Impuesto por el Gobierno de los Estados Unidos de América a Cuba, Incluida la Aplicación de la Llamada Ley Helms-Burton. I Cumbre de América Latina y el Caribe sobre Integración y Desarrollo (CALC), Costa de Sauípe, Bahía, 16 y 17 de diciembre de 2008

Las Jefas y los Jefes de Estado y de Gobierno de los países de la América Latina y el Caribe, reunidos en Salvador, Bahía, Brasil, en ocasión de la Cumbre de América Latina y el Caribe sobre Integración y Desarrollo,

CONSIDERANDO las resoluciones aprobadas por la Asamblea General de las Naciones Unidas sobre la Necesidad de poner fin al Bloqueo económico, comercial y financiero impuesto por los Estados Unidos contra Cuba, y las expresiones que sobre el mismo se han aprobado en numerosas reuniones internacionales,

AFIRMAMOS que en la defensa del libre intercambio y de la práctica transparente del comercio internacional, resulta inaceptable la aplicación de medidas coercitivas unilaterales que afectan el bienestar de los pueblos y obstruyen los procesos de integración.

RECHAZAMOS de la forma más enérgica la aplicación de leyes y medidas contrarias al Derecho Internacional como la Ley Helms-Burton y exhortamos al Gobierno de los Estados Unidos de América a que ponga fin a su aplicación.

PEDIMOS al Gobierno de los Estados Unidos de América que cumpla con lo dispuesto en 17 resoluciones sucesivas aprobadas en la Asamblea General de las Naciones Unidas y ponga fin al bloqueo económico, comercial y financiero que mantiene contra Cuba.

SOLICITAMOS en particular al Gobierno de los Estados Unidos que, con carácter inmediato, detenga la aplicación de las medidas adoptadas en el curso de los cinco últimos años con el objetivo de fortalecer y profundizar el impacto de su política de bloqueo económico, comercial y financiero a Cuba.

Costa de Sauípe, Bahía, 16 y 17 de diciembre de 2008

Tomado de www.sre.gob.mx

1.5. Comunicado de Apoyo a la Solicitud del Sistema de la Integración Centroamericana (SICA) a la Unión Europea para que Continúe Otorgando a Panamá los Beneficios del Régimen SGP + (Panamá). I Cumbre de América Latina y el Caribe sobre Integración y Desarrollo (CALC), Costa de Sauípe, Bahía, 16 y 17 de diciembre de 2008

Solicitar a la Comisión Europea continuar otorgando a Panamá los beneficios del régimen especial de estímulo para el desarrollo sostenible y la gobernanza (SGP+) para el periodo 2009-2011, a fin de no afectar el flujo comercial existente y los puestos de trabajo, en un país que ha demostrado el pleno cumplimiento de los requisitos sustantivos para seguir acogiéndose a este esquema de cooperación.

Costa de Sauípe, Bahía, 16 y 17 de diciembre de 2008

Tomado de www.sre.gob.mx

2. Plan de Acción de Montego Bay

Proyecto de Plan de Acción de Montego Bay. II Reunión de Ministros de Relaciones Exteriores de América Latina y el Caribe Sobre Integración y Desarrollo, CALC, Montego Bay, 6 de noviembre de 2009

La Declaración de Salvador, adoptada en la Cumbre de América Latina y el Caribe sobre Integración y Desarrollo-CALC, realizada en la Costa de Sauípe, en Salvador de Bahía, Brasil, los días 16 y 17 de diciembre de 2008, abarca compromisos que tienen como objetivo fortalecer la cooperación en áreas de interés común, con base en los principios de flexibilidad y de participación voluntaria en las iniciativas.

Con miras a implementar los compromisos asumidos en el marco de la Declaración de Salvador, se decidió adoptar las siguientes iniciativas:

I. Cooperación entre los mecanismos regionales y subregionales de integración

I.1. Promover el diálogo y la cooperación entre los mecanismos regionales y subregionales de integración con el objetivo de profundizar el conocimiento mutuo e identificar posibles sinergias y oportunidades de iniciativas conjuntas, así como evaluar la posibilidad de iniciar un proceso de convergencia en áreas prioritarias.

El diálogo entre los mecanismos regionales y subregionales de integración estaría estructurado en cuatro grandes áreas: (I) económico-comercial; (II) productiva; (III) social e institucional; y (IV) cultural. Por lo tanto, se compartirá información sobre los siguientes temas: los pequeños productores y del sector artesanal; y discusión e intercambio de experiencias en materia de políticas económicas regionales.

(II) *Dimensión productiva:* iniciativas existentes en materia de integración productiva; estudios e intercambio de información sobre pequeñas y medianas empresas (PYMES); mecanismos de facilitación de acceso al crédito; programas de apoyo a la calidad y a la innovación tecnológica; y programas para el desarrollo productivo e identificación de mecanismos que, en el marco de la integración regional, preserven espacios para la implementación de los planes nacionales de desarrollo.

(III) *Dimensión social e institucional:* promover la discusión y posterior definición de políticas comunes en áreas de particular interés para los ciudadanos, tales como residencia, ejercicio profesional, justicia, normas laborales y de seguridad social; integración educativa; promoción de los derechos humanos; políticas de género e intercambio de experiencias en rubros institucionales de la integración de acuerdo con legislaciones nacionales; así como instar a los mecanismos regionales y subregionales a que aborden la temática migratoria con vista a la profundización del diálogo y al desarrollo de programas de cooperación regional sobre migración.

(IV) *Dimensión cultural:* integración cultural e incentivo al desarrollo de las industrias creativas.

I.2. Solicitar al SELA, a la CEPAL y otras instituciones similares la realización, de manera puntual, de estudios y trabajos técnicos en áreas que sean de su competencia y en cooperación con los otros mecanismos regionales y subregionales de integración, cuando sea apropiado, tomando en consideración estudios existentes como el realizado por ALADI, la Comunidad Andina y MERCOSUR sobre la Convergencia de Acuerdos Económicos de Integración en América del Sur.

I.3. Convocar, en colaboración con la Troika de CALC, una reunión en 2010 entre las secretarías y las presidencias pro témpore de los mecanismos regionales y subregionales de integración a fin de iniciar el diálogo y la cooperación entre ellos.

II. Crisis financiera internacional

Con objeto de aminorar los efectos de la crisis económica y financiera que se originó en los países desarrollados
y a fin de diseñar e implementar instrumentos para incrementar la liquidez de los países de la región y aumentar el
empleo, y considerando la urgente necesidad de adoptar
medidas conjuntas para fortalecer las economías de la
región, se acordó:

II.1. Proponer un diálogo amplio, consultando cuando
sea apropiado a nivel de expertos regionales o de ministros
de finanzas o similares, con miras a construir una nueva
arquitectura financiera internacional que garantice la democratización y la transparencia de la gestión financiera
internacional y el fortalecimiento de los mecanismos de
regulación, en aras de establecer instrumentos efectivos de
gobernabilidad y de prevención y respuestas inmediatas
a futuras crisis. Las políticas actuales de graduación de
algunas instituciones financieras internacionales deben
también ser reformadas a fin de evitar su aplicación in-
adecuada a los países de mediano ingreso por medio del
uso arbitrario del criterio del PIB.

II.2. A su vez, se debe reducir o eliminar las condicionalidades en el otorgamiento de préstamos a los países en desarrollo por parte de los organismos financieros
multilaterales. En el caso del FMI, se debería obtener una
redefinición en la adjudicación de los derechos especiales
de giro, pasando los montos no utilizados por los países
desarrollados a los países en desarrollo; y promover el
intercambio de información impositiva entre los países.

II.3. Concluir la reforma para el incremento del poder
de voz y voto de los países desarrollados a los países en desarrollo en el Fondo Monetario Internacional y en el Banco
Mundial. También es importante que los presidentes y altos
directivos de las instituciones financieras multilaterales

sean seleccionados con base en mecanismos abiertos y transparentes, y sustentados en el mérito.

II.4. Instar a las autoridades monetarias a establecer un mecanismo de comunicación y de coordinación en las principales instituciones financieras internacionales de acuerdo con los lineamentos y los principios contenidos en la Declaración de Salvador.

II.5. Dar continuidad a los debates del grupo de trabajo financiero de alto nivel que la Cumbre de América Latina y el Caribe sobre Integración y Desarrollo instituyó en Costa de Sauípe los días 16 y 17 de diciembre de 2008. Asimismo, y con base en los resultados de la reunión realizada en Santiago de Chile el 13 de junio de 2009, el grupo deberá sugerir iniciativas sobre la reforma y el fortalecimiento de las instituciones financieras regionales, así como de otros mecanismos de cooperación financiera regional y explorar la creación de nuevas entidades y mecanismos, según resulte necesario.

II.6. Urgir a los ministros a cargo del comercio exterior a elaborar medidas necesarias para preservar, en beneficio de los países de la región, los niveles de comercio y de acceso a mercados con el objetivo de estimular el comercio intrarregional de bienes y servicios, toda vez que ésta es considerada una herramienta importante para compensar la caída de la demanda registrada en el resto del mundo. Así mismo, encomendar a que implementen medidas destinadas a garantizar el acceso a la oferta exportadora de los países de menor desarrollo relativo, países en desarrollo sin litoral marítimo e insulares con el objeto de crear condiciones para lograr una mayor y más equitativa participación en los beneficios del comercio intrarregional. Sería también esencial que se explore la creación de mecanismos financieros para estimular el comercio regional, según resulte necesario.

II.7. Encomendar a los ministros encargados del comercio exterior a trabajar a favor de la construcción de un sistema multilateral de comercio más justo y equitativo, capaz de satisfacer las necesidades de los países en desarrollo, especialmente las de los países de menor desarrollo relativo. Así mismo, solicitamos que, con ese fin, maximicen esfuerzos que contribuyan a la exitosa conclusión de la Ronda de Doha para el Desarrollo en 2010, respetándose los principios del tratamiento especial y diferenciado, y de la reciprocidad menos que plena a favor de los países en desarrollo (NAMA), con base en los borradores de modalidades en agricultura y productos industriales presentados en diciembre de 2008.

III. Energía

III.1. Acordar la celebración de reuniones regionales para avanzar en la implementación de los siguientes objetivos:

- Promover la cooperación regional a fin de optimizar la generación de energía y reforzar la seguridad energética.
- Promover una mayor integración de infraestructura en el sector energético, impulsando la complementariedad de recursos energéticos disponibles en la región.
- Promover la cooperación regional en relación con la diversificación de recursos energéticos y un mayor uso de recursos renovables.
- Promover el intercambio de experiencias y mejores prácticas en materia de energía con base en la eficiencia y la conservación.
- Promover el intercambio de experiencias y transferencia de tecnología de programas nacionales de biocombustibles.

- Promover la integración de la conservación y eficiencia energéticas en las políticas de racionalización del consumo con énfasis en las fuentes de energía menos contaminantes, así como procurar incrementar el uso de energía renovable como porcentaje de la energía total.
- Establecer programas de trabajo específicos para avanzar en la cooperación y prestación de asistencia técnica entre los países de la región.

III.2. Intercambio América del Sur-América Central y el Caribe: coordinación de las iniciativas regionales de integración en el área energética mediante el intercambio de experiencias existentes como el Consejo Energético Sudamericano, PETROCARIBE y Proyecto Mesoamérica; así como el intercambio de información sobre financiamiento de proyectos en el área energética.

IV. Infraestructura

IV.1. Promover la integración de la infraestructura y acelerar el desarrollo de la región en las siguientes áreas prioritarias:

a) *Transporte y servicios aéreos*: cooperación en la capacitación y la transferencia de tecnología y habilidades en campos críticos de la aviación; gestión de riesgos en la aviación civil; desarrollo de alianzas en el campo de la seguridad operacional y mecanismos regionales de seguridad; certificación de productos aeronáuticos; promoción de operaciones en código compartido; y adopción de los Acuerdos sobre Servicios Aéreos (ASA).

b) *Transporte y servicios marítimos*: cooperación entre empresas de navegación con miras a establecer líneas regulares de transporte, intercambio de informaciones y apoyo mutuo en los sectores de seguridad (*"safety"* y *"security"*) y prevención de la contaminación en aguas jurisdiccionales;

capacitación de recursos humanos en los campos de la administración portuaria y marítima con miras a alcanzar un desempeño satisfactorio en actividades de *"Port State"* y *"Flag State Control"* y contribuir al acercamiento de procedimientos de autoridades marítimas; e intercambio de información portuaria con miras al posible desarrollo de una base de datos.

c) *Tecnologías de la Información y Comunicación*: cooperación e intercambio de experiencias en el área de apropiación social del conocimiento y transferencia tecnológica, el uso de software libre y de estándares abiertos en pro de fomentar la investigación y el desarrollo de soluciones de tecnologías de la información en Software libre adaptadas a las necesidades de nuestros países, y según la legislación interna de nuestros países; cooperación en *"roaming"* internacional, con miras a la reducción de los precios en los servicios móviles de voz, mensajes y datos; intercambio de experiencias sobre medidas de universalización del acceso en banda ancha y de implantación de redes de nueva generación; interconexión de redes, incluyendo la implantación de puntos de interconexión de tráfico de redes IP; certificación de equipos y verificación de acuerdo con normas regionales; seguridad de la información a favor de la protección de los usuarios de los servicios y de las redes de telecomunicaciones; regulación y capacitación de personal; desarrollo de la telefonía rural; e inclusión digital que permita la universalización del acceso en banda ancha, apropiación del uso de las tecnologías de información y comunicación (TIC) para promover la inclusión social; a través de un mayor uso y apropiación de las TIC, que permitirá poner al alcance, herramientas útiles adaptadas a las necesidades reales de nuestra sociedad, así como el incentivo y fortalecimiento de la investigación y desarrollo que brindará mayores capacidades tecnológicas en nuestros países; tomar en cuenta las iniciativas que se desarrollan en los procesos de integración actualmente existentes.

d) *Intercambio América del Sur-América Central y el Caribe*: Coordinación de las iniciativas regionales de integración en las áreas de infraestructura para la integración física de transporte y telecomunicaciones mediante el intercambio de experiencias existentes como la Iniciativa para la Integración de la Infraestructura Regional Sudamericana (IIRSA) y del Proyecto Mesoamérica; ALBA-TCP y PETROCARIBE; intercambio de información sobre financiamiento de proyectos de infraestructura en diversas áreas.

e) *Integración Fronteriza*: Cooperación e intercambio de experiencias para sistematizar información sobre las iniciativas y marcos de trabajo bilaterales y subregionales existentes relativos a la integración fronteriza, especialmente en el ámbito bilateral, con el apoyo de los mecanismos regionales y subregionales de integración, tales como ALADI, SELA, CAN, MERCOSUR, UNASUR, ALBA, CARICOM, OECO, SICA, IIRSA y Proyecto Mesoamérica.

IV.2. Aprovechando las reuniones previstas en transporte y servicios aéreos (en el marco de la Comisión Latinoamericana de Aviación Civil-CLAC), en transporte y servicios marítimos, y en materia de telecomunicaciones, realizar encuentros con el propósito de elaborar una agenda de trabajo para identificar y superar las dificultades normativas y regulatorias en el campo de la infraestructura, así como intercambiar informaciones y experiencias sobre políticas y aspectos normativos y económicos relativos a la infraestructura física para la integración.

IV.3. Realizar una reunión en la que participen los representantes de los mecanismos regionales vinculados con la integración de la infraestructura física en América Latina y el Caribe, para su retroalimentación; tal y como fue planteado en la Declaración de Salvador.

V. Desarrollo social y erradicación
del hambre y de la pobreza

V.1. Realizar una reunión técnica de las autoridades responsables de los programas gubernamentales en el ámbito social, en 2010, con miras a conocer las experiencias existentes, promover sistemas de monitoreo de los datos regionales sobre indicadores sociales y examinar la posibilidad de establecer una matriz de mejores prácticas en el ámbito de los programas de desarrollo social aplicados por los países de América Latina y el Caribe.

V.2. Propiciar una mayor complementariedad y cooperación entre organizaciones internacionales y regionales para aplicar los recursos en forma eficiente y evitar la duplicidad en los trabajos.

V.3. Trabajar hacia el cumplimiento de las siguientes metas en los países de la región para profundizar los programas de desarrollo social que permitan alcanzar y superar los Objetivos de Desarrollo del Milenio sobre erradicación del hambre y la pobreza:

- Reducir a la mitad, entre 1990 y 2015, la proporción de la población con ingresos inferiores a 1 dólar PPA (paridad del poder adquisitivo) por día.
- Erradicar el hambre a más tardar en el 2015.
- Aumentar el ingreso y el consumo del 20% más pobre de la población.
- Disminuir la tasa de desempleo en el segmento ubicado entre los 16 y 24 años, particularmente de la población femenina.
- Disminuir la proporción de los grupos de poblaciones con mayor exclusión entre los 10% más pobres.
- Mejorar la distribución de ingresos.
- Reducir la desnutrición crónica de niños de 0 a 5 años de edad.

- Reducir la tasa de internación por desnutrición, especialmente de niños con menos de 1 año de edad.
- Erradicar el analfabetismo.
- Estimular el combate contra el virus del SIDA.

Implementar las iniciativas previstas en el Plan de Acción para la Sociedad de la Información en América Latina y el Caribe (ALAC 2010), de acuerdo con los Objetivos de Desarrollo del Milenio y los de la Cumbre Mundial sobre la Sociedad de la Información, con miras a promover el uso de las tecnologías de la información y la comunicación.

VI. Seguridad alimentaria y nutricional

VI.1. Designar puntos focales con miras a promover la coordinación regional de las iniciativas sobre seguridad alimentaria y nutricional, incluyendo el intercambio de tecnologías sociales y sistemas de registro, dando especial atención a los aspectos emergenciales y a los estructurales relativos al acceso, regulación, producción, comercialización y distribución de los alimentos.

VI.2. Promover, en el segundo semestre de 2010, un seminario de autoridades gubernamentales en materia de seguridad alimentaria y nutricional con el objetivo de presentar programas de adquisición de alimentos de la economía y agricultura familiar y los programas nacionales sobre alimentación y conocer conjuntamente la experiencia de los distintos mecanismos de integración en la región en la materia conjuntamente con la Organización de las Naciones Unidas para la Alimentación y la Agricultura (FAO) y el Programa Mundial de Alimentos (PMA).

VI.3. Contribuir a la instrumentación de la Iniciativa América Latina y el Caribe sin Hambre 2025.

VI.4. Profundizar los esfuerzos para la mejora de la distribución y comercialización de alimentos, inclusive mediante políticas públicas que prioricen al acceso a los alimentos de los consumidores de más bajos ingresos, y la adquisición, por parte de los programas nacionales de seguridad alimentaria y nutricional, de la producción de la agricultura familiar.

VI.5. Desarrollar un Programa Regional orientado a aumentar la productividad en el sector agropecuario a través, entre otras acciones, de la mejora de la capacidad de acceso a insumos agropecuarios para pequeños y medianos agricultores de la región; la incorporación de mejores prácticas para el manejo de suelos y recursos hídricos a nivel de productor con programas de capacitación sujetos a la utilización de este tipo de prácticas; y la investigación y el desarrollo en los sistemas productivos locales a través de programas nacionales y regionales específicos.

VII. Desarrollo sostenible

Examinar los siguientes asuntos en el Foro de Ministros de Medio Ambiente de América Latina y el Caribe, en enero de 2010, y acordar la incorporación de dichas iniciativas en la reunión del Foro de Ministros de Medio Ambiente:

- Intercambio de información y fortalecimiento de la cooperación en el contexto de los mecanismos de integración regionales y subregionales.
- Evaluar la cooperación en el manejo sustentable de recursos naturales y de áreas protegidas y en la conservación de la biodiversidad de los ecosistemas y recursos hídricos.
- Intercambio de información sobre prácticas de desarrollo sostenible con el propósito de incorporar el componente ambiental de forma transversal en las acciones y en las políticas regionales para lograr un desarrollo sostenible, así como incrementar los contactos entre agencias regionales e intergubernamentales relevantes que traten de medio ambiente, como el

PNUMA-UCRC (Unidad de Coordinación Regional Caribeña) y el PNUMA-Oficina Regional de América Latina y el Caribe en Panamá.

- Promoción de acciones de cooperación de desarrollo sostenible, incluyendo la cooperación Sur-Sur basada en los diferentes acuerdos, declaraciones e instrumentos jurídicamente vinculantes para cada uno de los países de América Latina y el Caribes incluyendo la Declaración de Río sobre Medio Ambiente y Desarrollo de 1992, el Programa de Acción de Barbados sobre el Desarrollo Sostenible de los Pequeños Estados Insulares en Desarrollo y sus acuerdos ce seguimiento, y los Objetivos de Desarrollo del Milenio.
- Desarrollo de iniciativas con el objetivo de estimular la participación de todos los sectores de la sociedad en políticas públicas basadas en el objetivo de desarrollo sostenible.
- Cooperación con las Naciones Unidas y sus agencias, y las organizaciones regionales competentes, para dar cumplimiento a los objetivos del Desarrollo Sostenible (Objetivo 7) de los Objetivos del Milenio, especialmente en lo que se refiere a servicios básicos de saneamiento.
- Intercambio de iniciativas prácticas y exitosas de apoyo a la participación de comunidades en la administración de áreas protegidas y ecoturismo que garanticen la sostenibilidad ambiental.
- Emprender una evaluación exhaustiva del cumplimiento de los compromisos asumidos por la región a fin de identificar los proyectos prioritarios e impostergables que los países de América Latina y el Caribe deben ejecutar conjuntamente para el desarrollo sostenible de sus pueblos.
- Dar impulso político a la implementación de la Iniciativa Latinoamericana y Caribeña para el

Desarrollo Sostenible (ILAC), la cual es una estrategia regional importante para promover el desarrollo
sostenible.

VIII. Desastres naturales

En seguimiento a las iniciativas acordadas du-
rante la "Primer Reunión Regional sobre Mecanismos
Internacionales de Asistencia Humanitaria", celebrada en
la Ciudad de México en septiembre de 2008 y la "Segunda
Reunión Regional sobre Mecanismos Internacionales de
Asistencia Humanitaria", llevada a cabo en la Ciudad de
Florianópolis, Brasil en septiembre de 2009, en la cual se
adoptó la Declaración de Florianópolis, se acuerda exami-
nar durante la "Tercera Reunión Regional de Mecanismos
Internacionales de Asistencia Humanitaria", a celebrarse en
Buenos Aires, Argentina, en 2010, lo siguiente:

- La gestión del riesgo en lo que tiene que ver con las
  acciones de monitoreo, prevención, mitigación, rehabilitación y reconstrucción, de acuerdo con el Marco
  de Acción de Hyogo.
- La coordinación y promoción regional de políticas,
  estrategias y planes en gestión del riesgo.
- El incremento de simulaciones y simulacros y el fortalecimiento de los mecanismos de respuesta rápida.
- Intercambio de información relevante entre los países
  y grupos de países de la región a través de CDERA,
  CEPREDENAC, CAPRADE, la Reunión de Asistencia
  Humanitaria Internacional y de Defensa Civil de
  MERCOSUR y otras agencias y organizaciones relevantes para asegurar la prestación inmediata y la
  adecuada recepción de la asistencia humanitaria.
- El conocimiento y reducción de los principales factores
  de riesgo con el objeto de reducir la vulnerabilidad
  económica y social, incluyendo las zonas rurales y

la inseguridad alimentaria y nutricional, así como el
mejoramiento de los sistemas de alerta temprana y
priorizar la capacitación y sensibilización para mejorar
la anticipación de desastres, construir una cultura de
resiliencia e incrementar la capacidad de ofrecer una
respuesta eficaz y sostenible a todos los niveles a los
desastres naturales y antropogénicos.

IX. Cambio climático

Examinar, durante la reunión del Foro de Ministros
de Medio Ambiente, el desarrollo de programas para la
reducción y adaptación a los efectos e impacto del cambio
climático, así como promover la cooperación sobre mitigación y esfuerzos de adaptación, incluyendo la participación
en proyectos conjuntos de estudio de este fenómeno, con
objeto de consolidar un régimen internacional sobre cambio climático que de manera efectiva permita estabilizar
y disminuir las emisiones de gases de efecto invernadero.

Considerar entre los puntos de la agenda de esa reunión los siguientes temas:

- Evaluación de los resultados de la Decimoquinta
  Conferencia de las Partes de la Convención Marco
  de las Naciones Unidas sobre Cambio Climático
  (Copenhague, diciembre de 2009).

- Establecimiento y fortalecimiento de redes que permitan el intercambio de información en materia de
  cambio climático.

- Intercambio de experiencias y asesoría técnica para
  el fortalecimiento de la capacidad de adaptación al
  cambio climático.

- Colaboración entre instituciones y agencias relevantes
  de investigación especializadas en el fenómeno del
  cambio climático en América Latina y el Caribe.

- Colaboración entre países latinoamericanos y caribe-ños para el desarrollo de tecnologías que promuevan la eficiencia energética, el desarrollo y uso de las ener-gías renovables, particularmente en el intercambio de tecnología e información.
- Intercambio de experiencias sobre medidas que per-mitan el uso eficiente de la energía.
- Establecimiento de las tecnologías indispensables en la región que deberán transferir los países desarrollados para mitigación y adaptación al cambio climático.
- Identificación de las fuentes de financiamiento para proyectos de control del cambio climático en América Latina y el Caribe, incluyendo entre ellos la propuesta mexicana para establecer un Fondo Mundial sobre Cambio Climático (Fondo Verde).
- Preparación de la estrategia regional para captar coo-peración internacional impostergable para la ejecu-ción de proyectos ambientales, especialmente para subsanar los efectos del cambio climático.

Montego Bay, Jamaica, 6 de noviembre de 2009.

Tomado de www.mmrree.gov.ec

3. Cumbre de la Unidad de América Latina y el Caribe

3.1 Declaración de Cancún. Cumbre de la Unidad de América Latina y el Caribe, La Riviera Maya, México, 22 y 23 de febrero de 2010

1. Las Jefas y los Jefes de Estado y de Gobierno de los países de América Latina y el Caribe, reunidos en la Cumbre de la Unidad constituida por la XXI Cumbre del Grupo de Río y la II Cumbre de América Latina y el Caribe sobre Integración y Desarrollo (CALC), en la Riviera Maya, México, el 23 de febrero de 2010.

2. Decididos a construir un espacio común con el propósito de profundizar la integración política, económica, social y cultural de nuestra región y establecer compromisos efectivos de acción conjunta para la promoción del desarrollo sostenible de América Latina y el Caribe en un marco de unidad, democracia, respeto irrestricto a los derechos humanos, solidaridad, cooperación, complementariedad y concertación política;

3. Convencidos de que la región de América Latina y el Caribe debe seguir reafirmando su presencia en los foros de los que forma parte y pronunciarse sobre los grandes temas y acontecimientos de la agenda global;

4. Destacando la importancia de profundizar la comunicación, cooperación, articulación, sinergia, convergencia de acciones e intercambio de experiencias entre los distintos procesos y mecanismos subregionales de integración;

5. Refrendando nuestro compromiso con el multilateralismo y con las Naciones Unidas como el foro por excelencia para la promoción de la paz, los derechos humanos, la cooperación internacional para el desarrollo y para construir un sistema económico global justo y equitativo, y

6. Refrendando asimismo, los principios de solidaridad, flexibilidad, gradualidad, pluralidad, diversidad, complementariedad de acciones y participación voluntaria plasmados en la Cumbre de América Latina y el Caribe sobre Integración y Desarrollo en Salvador, Bahía, como fórmula para encarar los desafíos que afronta nuestra región y alcanzar nuestros objetivos,

Hemos decidido:

1. Intensificar el diálogo político entre nuestros Estados y traducir, a través de la concertación política, nuestros principios y valores en consensos. La región requiere de una instancia de concertación política fortalecida que afiance su posición internacional y se traduzca en acciones rápidas y eficaces que promuevan los intereses latinoamericanos y caribeños frente a los nuevos temas de la agenda internacional.

2. Intensificar para ello, la concertación de posiciones regionales de cara a reuniones y conferencias de alcance global y adoptar un perfil más dinámico a favor de la concertación política y del trabajo de interlocución con otras regiones y países en la convicción de que ese diálogo contribuye a proyectar a la región y aumentar su influencia en el escenario internacional globalizado e interdependiente.

3. Reafirmar que la preservación de la democracia y de los valores democráticos, la vigencia de las instituciones y el Estado de Derecho, el compromiso con el respeto y la plena vigencia de todos los derechos humanos para todos, son objetivos esenciales de nuestros países.

4. Impulsar una agenda integrada, con base en el patrimonio del Grupo de Río y los acuerdos de la CALC, así como de los mecanismos y agrupaciones de integración, cooperación y concertación ya existentes, que constituyen todos, de conjunto, un valioso activo regional que se sustenta en los principios y valores compartidos, con el propósito de dar continuidad a nuestros mandatos mediante

un programa de trabajo que promueva vínculos efectivos, la cooperación, el crecimiento económico con equidad, justicia social, y en armonía con la naturaleza para un desarrollo sostenible y la integración de América Latina y el Caribe en su conjunto.

5. Acordar para ello, el desarrollo de un programa de trabajo en torno a los siguientes ámbitos y líneas de acción con carácter prioritario:

Cooperación entre los mecanismos regionales y subregionales de integración

6. Intensificar el diálogo, la coordinación, la interacción, los consensos, la sinergia y la convergencia de acciones entre los mecanismos regionales y subregionales de integración en América Latina y el Caribe para profundizar la integración y acelerar el desarrollo regional mediante la articulación de proyectos comunes y complementarios.

7. Convocar a los organismos y mecanismos regionales y subregionales a promover esquemas concretos a favor del intercambio de experiencias y de la identificación de las áreas de cooperación y necesarias sinergias y convergencia de acciones entre los diferentes procesos subregionales, a fin de dar pasos específicos que nos permitan profundizar en las distintas dimensiones de la integración.

Asuntos Económicos

Crisis financiera internacional

8. Tenemos expectativas positivas a partir de algunos indicios de recuperación en la economía mundial. No obstante, reconocemos el grave y continuo impacto de la crisis en algunos países de la región. En particular, tomamos nota de los desafíos particulares que enfrentan los países de renta media, incluyendo los pequeños, vulnerables y altamente endeudados, así como de la necesidad de una mayor atención por parte de la comunidad internacional, para apoyar su recuperación.

9. En vista del impacto que ha tenido en la región la última crisis financiera internacional, promover una mayor cooperación en materia de políticas financieras y regulatorias. Proponemos, por ello, un amplio diálogo, consultando –cuando sea apropiado– a nivel de expertos regionales o de Ministros de Finanzas o similares, con miras a construir una nueva arquitectura financiera internacional que garantice la democratización y la transparencia de la gestión financiera internacional y el fortalecimiento de los mecanismos de regulación, en aras de establecer instrumentos efectivos de gobernabilidad y de prevención y respuesta inmediata ante futuras crisis.

10. Enfatizar que la reforma de las instituciones financieras internacionales debe tomar en cuenta la adecuación de los instrumentos financieros internacionales a las necesidades de financiamiento de los países en desarrollo; incluyendo la disponibilidad de instrumentos preventivos.

11. Apoyar a su vez una reforma sustancial en las regulaciones financieras, conforme a la legislación interna de cada país, a fin de lograr un sistema regulatorio global más representativo, equitativo y sostenible en el largo plazo.

12. Encomendar a los Ministros de Finanzas o similares la elaboración de una estrategia con miras a la construcción progresiva de una arquitectura financiera regional y subregional que incluya la consideración de las siguientes propuestas:

a) Un sistema multilateral y voluntario de pagos a partir de la dinamización y ampliación de las experiencias existentes en la región, incluyendo mecanismos de pagos en monedas nacionales.

b) Evaluación de experiencias existentes en materia de moneda común.

c) Fortalecimiento o desarrollo de mecanismos regionales para la estabilización de la balanza de pagos.

d) Integración de los mercados financieros a nivel regional y subregional con adecuados mecanismos de supervisión, regulación y transparencia.

e) Fortalecimiento y creación de instituciones o fondos financieros para apoyar proyectos de desarrollo e integración de la región, incluyendo la coordinación de dichos fondos e instituciones.

f) Cooperación entre los bancos nacionales y regionales de fomento.

13. Realizar una reunión sobre el Convenio de Pagos y Créditos Recíprocos (CCR) de ALADI a ser convocada por esa Asociación, a la cual serán invitados representantes de otros sistemas de pagos y créditos recíprocos existentes en la región, así como países de América Latina y del Caribe que no sean miembros del CCR, con miras a intercambiar información sobre ese sistema.

14. En el marco del fortalecimiento de instituciones o fondos financieros para apoyar proyectos de desarrollo, saludar la firma del convenio constitutivo del Banco del Sur por parte de los presidentes de sus países miembros como uno de los pilares del proceso de integración regional.

Comercio

15. Reiterar la importancia de promover una mayor integración de nuestras economías como un medio para alcanzar mayores niveles de crecimiento y desarrollo económico y social, así como para garantizar la participación más efectiva de la región en la economía mundial, propendiendo a la disminución de barreras técnicas que dificulten el comercio.

16. Continuar promoviendo iniciativas de integración de alcance regional y subregional, multilateral y bilateral, y abiertas al comercio internacional con la convicción de que permitirán la conformación de un espacio económico común latinoamericano y caribeño.

17. Instruir a nuestros Ministros de comercio exterior o sus homólogos a elaborar y consensuar las medidas necesarias para preservar y profundizar, en beneficio de los países de la región, los niveles de comercio y de acceso a mercados con el objetivo de estimular el comercio intrarregional de bienes y servicios, toda vez que éste constituye una herramienta importante para compensar la caída de la demanda registrada en el resto del mundo. Asimismo, les encomendamos que implementen medidas destinadas a favorecer el acceso al mercado para las exportaciones de los países en desarrollo, en particular las economías más pequeñas y los países en desarrollo sin litoral marítimo. Queremos crear condiciones de mercado que permitan una mayor y más equitativa participación de estos países a fin de aprovechar los beneficios del comercio intrarregional.

18. Además, encomendar a los Ministros encargados del comercio exterior a continuar trabajando en favor de la construcción de un sistema multilateral de comercio más justo y equitativo, capaz de satisfacer las necesidades de los países en desarrollo, especialmente las de los países de menor desarrollo relativo. En ese sentido, resaltar la urgencia de la conclusión de las negociaciones de la Ronda de Doha de la Organización Mundial de Comercio (OMC).

19. Manifestar nuestro reconocimiento a la Comisión Económica para América Latina y el Caribe (CEPAL), por sus aportes a las políticas conducentes al desarrollo y a la integración de los países de América Latina y el Caribe y apoyar la realización de su XXXIII Periodo de Sesiones a fines de mayo, en Brasil.

Energía

20. Subrayar que América Latina y el Caribe enfrentan serios desafíos en materia energética vinculados al aumento de la demanda y a la fluctuación en los precios y la oferta de energía y reconocemos la imperiosa necesidad de reducir la vulnerabilidad de la región en ese sentido.

21. Reconocer la necesidad de ampliar y emprender acciones específicas que permitan a las economías más pequeñas y los países menos desarrollados alcanzar un acceso justo, equilibrado y constante a las diversas formas de energía, a la vez que propicien el desarrollo sustentable económico y social de nuestros pueblos. Destacamos, de igual manera, la importancia de la cooperación y la integración como medios para estimular la eficiencia y el ahorro energético, así como el uso racional y eficiente de los recursos energéticos tanto fósiles como renovables.

22. Aprovechar las posibilidades de complementariedad energética regional y subregional y, con dicho propósito, fortaleceremos esfuerzos concertados para utilizar eficientemente las fuentes tradicionales de energía, y estableceremos medidas que promuevan el uso y expansión de fuentes de energía renovables, promoviendo el intercambio de experiencias y la transferencia de tecnología sobre programas nacionales de biocombustibles, turbinas eólicas, energía geotérmica, energía solar, hidrogeneración de electricidad y otras nuevas tecnologías de energía. Afirmamos, por ello, que es necesario que en nuestros países se realicen inversiones que permitan desarrollar a largo plazo nuestras potencialidades en materia de energías renovables y no renovables, así como la transferencia de tecnologías y el adiestramiento y capacitación técnica necesarios para alcanzar soluciones eficientes y sostenibles tanto en la producción como en el consumo de energía.

23. Reafirmar la trascendencia e importancia de la energía como recurso fundamental en el desarrollo sustentable, así como el derecho soberano de cada país de establecer las condiciones de explotación de sus recursos energéticos, y por ello renovamos nuestro compromiso de avanzar en los procesos de cooperación e integración de nuestros países con base en la solidaridad y en la complementariedad, como un esfuerzo continuo para lograr

el crecimiento económico sustentable y equitativo de sus
pueblos. Reconocemos, en tal sentido, las valiosas iniciativas de cooperación e integración energética que se están
implementando en la región.

Integración física en infraestructura

24. Expresar nuestro compromiso con la efectiva integración geográfica de América Latina y el Caribe, a través
de la creación de la infraestructura física necesaria y la
convergencia entre los diversos procesos de integración
subregionales por lo que emprenderemos la elaboración
y puesta en marcha de una la estrategia de integración
física de la región

25. Intensificar, para ello, esfuerzos en el campo de
la infraestructura para: promover y ejecutar políticas de
ampliación de la conectividad y proyectos para ampliar
los servicios de transporte aéreo, marítimo, fluvial y terrestre, así como el transporte multimodal; diseñar y ejecutar
políticas públicas que atiendan, los requerimientos de la
integración fronteriza a fin de agilizar su concreción aprovechando los marcos e iniciativas vigentes; e identificar y
superar dificultades normativas y regulatorias.

26. Ampliar el intercambio entre el Proyecto
Mesoamérica y los mecanismos de integración en el ámbito de la UNASUR, a través del Consejo de Infraestructura
y Planeamiento (CIP), que incorporará a la IIRSA.
Promoveremos la incorporación a ese diálogo tanto de
las instancias caribeñas equivalentes, como de las establecidas en ALBA-TCP y Petrocaribe, para la realización
de reuniones similares entre mecanismos subregionales
vinculados con la integración de la infraestructura física
en América Latina y el Caribe.

Ciencia y tecnología

27. Promover el tratamiento del tema "Tecnología y
Desarrollo Productivo" en los diálogos de América Latina
y el Caribe con otros actores internacionales.

28. Reconocer el potencial que las tecnologías de la información y las comunicaciones tienen para el desarrollo de la democracia, la economía y el progreso social. Destacamos, por ello, la conveniencia de compartir el conocimiento, la tecnología y la información, aprovechando la infraestructura de conectividad y promoviendo en nuestras poblaciones el acceso universal a la misma.

29. Fortalecer nuestro empeño para que el importante desarrollo científico logrado en la región en el último decenio se pueda convertir en servicios, productos y procesos accesibles a las economías y a las sociedades de los países latinoamericanos y caribeños, por medio de políticas inclusivas de innovación.

Desarrollo social
Programas sociales y erradicación del hambre y la pobreza

30. Reiterar que el hambre y la pobreza representan una de las peores formas de violación de los Derechos Humanos. Por ello, la lucha para erradicarlas es un desafío ético, político y económico para todos. En este empeño, es necesario explorar e implementar nuevas formas de cooperación y solidaridad internacionales en apoyo a los esfuerzos nacionales así como garantizar el acceso a alimentos de calidad, ricos en nutrientes, para avanzar hacia sociedades mejor integradas en un mundo globalizado, más participativas, con rostro humano e inclusión social.

31. Concentrar los esfuerzos de política social en la población en situación de mayor vulnerabilidad para responder al desafío de la pobreza, la desigualdad y el hambre, y alcanzar el mayor desarrollo económico y social de los pueblos latinoamericanos y caribeños sobre la base de la integralidad, la no discriminación y el reconocimiento de la persona como sujeto de derecho. Continuaremos impulsando, por lo tanto, políticas de desarrollo social para asegurar dentro de los ámbitos nacionales un enfoque

que priorice los programas dirigidos a la reducción de la pobreza, la desigualdad y el hambre.

32. En relación con los Objetivos de Desarrollo del Milenio y considerando que en septiembre de 2010 se realizará la Sesión de Alto Nivel de la Asamblea General de las Naciones Unidas sobre este tema, expresamos nuestra preocupación por el lento avance en su consecución, razón por la cual enfatizamos la necesidad de impulsar los mayores esfuerzos para alcanzar su cumplimiento.

33. Garantizar que los acuerdos de comercio regionales e internacionales en que participen los países de la región respondan a las necesidades relacionadas con el desarrollo social con equidad, el acceso a alimentos nutritivos y acordes a las costumbres locales y la implementación sostenible de las Metas del Milenio y otros metas de desarrollo internacionalmente acordadas.

34. Promover la elaboración de un plan de acción integral de política pública en materia social para concretar la cooperación y hacer más efectiva la ayuda para los países de renta media y baja, según lo acordado en las conferencias internacionales de alto nivel en la materia.

35. Reconocer que la erradicación de la pobreza, el pleno empleo productivo para todos y la integración social son interdependientes y se refuerzan mutuamente, y que por lo tanto, debe crearse un entorno propicio para que todos estos objetivos puedan alcanzarse simultáneamente.

Seguridad alimentaria y nutricional

36. Promover la coordinación regional de iniciativas así como el intercambio de tecnologías y recuperación de tecnologías tradicionales entre otras acciones para garantizar la seguridad alimentaria y nutricional, por medio de políticas públicas que impulsen el desarrollo rural, la producción sustentable de alimentos, su inocuidad, su almacenaje, su distribución y comercialización, así como crédito y seguro agrícolas.

37. Incorporar la perspectiva de derechos humanos y de género en la elaboración y revisión de las estrategias nacionales orientadas a garantizar la seguridad alimentaria y nutricional, con amplia participación social, particularmente de los sectores más vulnerables y no permitiremos el abuso monopólico en el sector de alimentos.

38. Impulsar el desarrollo productivo, tecnológico y de inversiones así como la introducción de tecnologías social y ambientalmente sanas de producción agrícola, el aumento de la productividad y competitividad de los pequeños y medianos productores, incluyendo los campesinos, y su acceso a los recursos productivos.

39. Fortalecer los procesos de integración en el ámbito alimentario y conjugaremos esfuerzos en apoyo a la Iniciativa América Latina y el Caribe Sin Hambre 2025.

Educación, salud y servicios públicos

40. Ampliar la cooperación regional para promover el acceso universal, equitativo y de calidad a la educación primaria y a los servicios de salud, saneamiento y suministro de agua potable, en especial para las personas en condición de pobreza extrema. Buscaremos atender las necesidades específicas de salud de la juventud, asegurar la reducción de la desnutrición y la mortalidad infantil, mejorar la salud materna y combatir las epidemias de mayor impacto, prestando especial atención a las zonas rurales.

41. Buscar garantizar que las políticas y programas nacionales de desarrollo de la juventud atiendan sus necesidades particulares e involucren a los jóvenes y a las organizaciones dirigidas por ellos en el desarrollo de políticas nacionales que les atañen.

42. Adoptar programas integrales y flexibles, adaptados a las realidades socioeconómicas y culturales de cada país, región y grupo poblacional, que permitan erradicar el analfabetismo en todos los países de América Latina y el Caribe antes del año 2015.

43. Ampliar también la cooperación regional así como una respuesta coordinada e integral para garantizar, entre otras cuestiones, la reducción de la mortalidad infantil, el mejoramiento de la salud materna, especialmente en las zonas rurales, y la lucha contra las epidemias de alto impacto como el VIH/SIDA y el virus H1N1. Trabajaremos del mismo modo a nivel nacional, regional e internacional para reducir y controlar la diseminación de enfermedades no transmisibles que representan una seria amenaza al desarrollo y celebramos la iniciativa de los países miembros de la CARICOM a convocar en la Sede de las Naciones Unidas una Reunión de Alto Nivel sobre enfermedades crónicas no transmisibles en 2011.

Cultura

44. Reafirmar que todas las culturas tienen derecho a existir y preservar sus prácticas tradicionales y milenarias inherentes a su identidad. En ese sentido, promoveremos la historia, las tradiciones, los valores, la diversidad cultural y el entendimiento mutuo entre los pueblos de América Latina y el Caribe, conscientes de la contribución positiva que tendrá en la profundización de la integración regional. De igual modo, incentivaremos la cooperación, la integración cultural y el desarrollo de industrias creativas.

45. Reconocer, en consonancia con el respeto a los derechos humanos y el bienestar de nuestros pueblos, el derecho de nuestros Estados para establecer, de conformidad con el Derecho Internacional, las acciones normativas y otras medidas que juzguen convenientes para preservar y defender las manifestaciones ancestrales de sus pueblos, las cuales deben ser respetadas por la comunidad internacional.

46. Estimular la diversidad cultural como un componente indispensable de las políticas públicas para reducir la pobreza, promover la equidad y alcanzar las Metas de Desarrollo del Milenio.

Migración

47. Promover el pleno respeto de los derechos humanos de los migrantes y sus familias, en los países de origen, tránsito y destino, independiente de su condición migratoria, y trabajaremos para que la migración ocurra de manera informada, segura y conforme a las disposiciones relacionadas con la atención consular. Reafirmamos nuestro decidido compromiso de combatir el racismo y la xenofobia a que puedan ser sometidos los migrantes, promoviendo la reivindicación de sus capacidades como actores políticos, económicos, culturales y científicos, fundamentales para impulsar procesos de desarrollo e integración, en las sociedades de origen y de destino.

48. Continuar intensificando las acciones orientadas a prevenir y combatir la trata de personas y el tráfico ilícito y explotación de migrantes en todas sus modalidades y garantizar la plena protección y atención a las víctimas de estos delitos, en especial de mujeres, niños y adolescentes. Asimismo, crear instancias de coordinación entre países de origen, tránsito y destino para combatir estos delitos.

49. Facilitar la integración de los migrantes a las sociedades de acogida, promover facilidades para la residencia, el trabajo y la regularización, en consonancia con las legislaciones nacionales.

50. Promover la cooperación y el intercambio de experiencias y buenas prácticas a nivel nacional, regional y subregional en el combate al crimen organizado, al tráfico ilícito de migrantes y a la trata de personas, en especial cuando se trata de proteger a los grupos de personas migrantes más vulnerables: niños, niñas, adolescentes, mujeres, pueblos originarios y afrodescendientes.

Género

51. Estamos convencidos que el desarrollo económico y social en nuestros países y el logro de una democracia

plena sólo son posibles a partir de una efectiva equidad entre hombres y mujeres por lo que impulsamos la inclusión de la perspectiva de género en el diseño, implementación y evaluación de toda política pública.

52. Nos comprometemos, en ocasión de la Declaración de la OEA del año 2010 como año interamericano de la mujer, a continuar trabajando por la plena implementación de la Convención Interamericana para prevenir, sancionar y erradicar la violencia contra la mujer (Convención de Belem do Pará) y de los objetivos contenidos en la Declaración de Beijing y su plataforma de acción, de cuya adopción se cumplen quince años.

53. Considerar prioritarias la erradicación del hambre y la pobreza y las acciones tendientes a garantizar que todos los hombres y mujeres de nuestra región cuenten con alimentación y vivienda adecuadas, acceso a la salud -incluyendo su dimensión sexual y reproductiva-, a la educación y al trabajo decente, de manera de poder alcanzar niveles dignos de vida.

Desarrollo sostenible

54. Actuar solidariamente en la construcción de una estrategia de cooperación internacional que fortalezca la relación entre el medio ambiente y el desarrollo, apoyando los esfuerzos de los países en desarrollo sin litoral marítimo, pequeños Estados insulares y costeros en desarrollo, y estimulando acciones que protejan y valoricen el patrimonio natural de la región.

55. Estimular la identificación, fortalecimiento e intercambio de buenas prácticas de desarrollo sostenible en la región, en temas como la incorporación del componente ambiental en las acciones gubernamentales, la participación social en políticas públicas y el manejo sustentable de los recursos naturales. Impulsaremos iniciativas con

el objeto de convertir a los países de América Latina y el Caribe en exportadores de servicios ambientales.

56. Fortalecer la Iniciativa Latinoamericana y Caribeña para el Desarrollo Sostenible (ILAC).

57. Promover la cooperación en materia de manejo sustentable del patrimonio natural, la conservación de la biodiversidad, los ecosistemas y el agua.

58. Reconocer y saludar la decisión del Ecuador de promover la iniciativa Yasuní ITT, por constituir una efectiva medida voluntaria para enfrentar el problema del cambio climático, garantizar la sobrevivencia de los pueblos indígenas en aislamiento voluntario y garantizar la conservación de uno de los lugares más biodiversos del mundo.

59. Estimar que las acciones verdaderas para enfrentar los problemas derivados de los cambios climáticos, como por ejemplo las iniciativas de gestión ambiental sostenible de bosques y de otros ecosistemas clave como los humedales; la eficiencia energética y el desarrollo de fuentes nuevas y renovables de energía; la transformación de los sistemas de transporte; la innovación científica y tecnológica; sólo pueden ser sustentables si están implementadas de manera social y ambientalmente responsable; respetando todos los derechos consagrados de los pueblos y comunidades.

Cambio climático

60. Manifestar nuestra preocupación por el ritmo al que avanza el calentamiento global y subrayamos que es preciso sumar esfuerzos en apoyo de las iniciativas de nuestros países para enfrentar de manera conjunta la amenaza que representa el cambio climático. En ese sentido, enfatizamos nuestro compromiso con la plena, eficaz y sostenida implementación de la Convención Marco de las Naciones Unidas sobre Cambio Climático y del Protocolo de Kioto en un esfuerzo global con base en el principio de las responsabilidades comunes pero diferenciadas, las

respectivas capacidades nacionales y las legítimas aspiraciones de los países en desarrollo.

61. Promover en el ámbito de la Conferencia de las Partes del Convenio Marco de las Naciones Unidas sobre Cambio Climático, y a la luz de éste, un mecanismo financiero predecible, transparente y eficaz, que asegure la adecuada provisión de flujos financieros internacionales nuevos, adicionales y suficientes, para apoyar los esfuerzos de mitigación y adaptación de nuestros países conforme a la Convención sobre Cambio Climático.

62. Subrayar la necesidad de que los países desarrollados cumplan sus compromisos bajo la Convención Marco de las Naciones Unidas sobre Cambio Climático en materia de financiamiento, acceso y transferencia de tecnología y creación de capacidades suficientes en los países en desarrollo particularmente vulnerables a los efectos del cambio climático, especialmente los países menos desarrollados y los pequeños estados insulares y países costeros en desarrollo con tierras bajas, para brindarles cooperación en la mitigación y adaptación, sin condicionalidades.

63. Manifestar nuestro beneplácito por el hecho de que nuestra región será sede de la Décimo Sexta Conferencia de las Partes en la Convención Marco (COP 16) y la Sexta Reunión de las Partes del Protocolo de Kioto (CMP 6), y expresamos nuestro respaldo a México a fin de que, mediante un proceso de negociación transparente e incluyente, sea posible alcanzar en la Conferencia un acuerdo amplio, ambicioso y eficaz que responda a las necesidades de nuestra región y resulte en un fortalecimiento del régimen internacional establecido en la Convención Marco de las Naciones Unidas sobre cambio climático y el Protocolo de Kioto, y en beneficio de la humanidad en su conjunto. Coincidimos en que es necesario que los resultados de la COP 16 tengan un carácter jurídicamente vinculante como un paso decisivo en la lucha contra el cambio climático.

Desastres naturales

64. Destacar la urgencia de concretar y desarrollar los diversos compromisos y mandatos asumidos por los gobiernos de América Latina y el Caribe en materia de desastres naturales, en especial el establecimiento de un mecanismo que permita dar una respuesta regional rápida, adecuada y coordinada a los mismos, a solicitud del Estado concernido y articulada con éste. A este efecto, subrayar el papel articulador de los organismos e instancias regionales competentes en ese ámbito.

65. Subrayar la relación intrínseca entre la reducción de desastres, el desarrollo sustentable y la erradicación de la pobreza entre otros, y reconocemos por ello la necesidad de fortalecer la capacidad de prevención, mitigación, respuesta y atención de las víctimas de los desastres a través de la adopción de políticas apropiadas y el incremento de la cooperación internacional para fortalecer y potenciar las capacidades nacionales. Reconocemos del mismo modo la importancia de la Declaración y el Marco de Acción de Hyogo, el Plan de Acción de Barbados, el Programa Interamericano para el Desarrollo Sostenible y la Declaración de Florianópolis de la II Reunión Regional de Mecanismos Internacionales de Asistencia Humanitaria, para los países que son parte del mismo, al tratar la problemática de los desastres.

66. Asegurar la coordinación necesaria entre los mecanismos de prevención, reducción de riesgos, mitigación y respuesta a los desastres naturales, en los niveles nacional, regional y global, en los esfuerzos para el cumplimiento de los objetivos de reducción del riesgo de desastres naturales. Nos proponemos incorporar la temática de reducción de riesgos a causa de desastres naturales en las políticas y procesos de planificación y aumentar la capacidad de resistencia a nivel comunitario, local, nacional y regional mediante la investigación, la ampliación de mecanismos

para compartir el costo de la prevención de riesgos y el intercambio de datos e información, entre otros.

67. Fortalecer las iniciativas regionales de asistencia humanitaria y promoveremos el establecimiento de protocolos de ayuda mutua u otros dispositivos simplificados de respuesta ante desastres naturales.

68. Instruir a los organismos e instancias con experiencia en esos rubros con que cuenta América Latina y el Caribe: la Agencia Caribeña de Manejo a Emergencias en Casos de Desastre (CDEMA), el Centro de Coordinación para la Prevención de los Desastres Naturales en América Central (CEPREDENAC), el Comité Andino para la Prevención y Asistencia de Desastres (CAPRADE) y la Reunión Especializada de Reducción de Riesgos de Desastres Socionaturales, la Defensa Civil, la Protección Civil y la Asistencia Humanitaria del MERCOSUR (REHU), a definir las sinergias entre ellos y a poner en práctica de manera urgente un esquema de coordinación y cooperación de alcance regional que permita optimizar los recursos e incrementar nuestra capacidad y eficiencia para preparar a nuestras poblaciones y responder en casos de desastres naturales.

69. Promover medidas para la educación y la capacitación en materia de protección ambiental con miras a generar una conciencia colectiva y en consecuencia mitigar los efectos de los desastres naturales provocados por el hombre.

70. Constituir un Grupo de Trabajo de conformación abierta para avanzar en la implementación de esos objetivos.

Derechos humanos

71. Afirmar el principio de que todos los derechos humanos y las libertades fundamentales son universales, indivisibles, interdependientes e interrelacionados y que, en consecuencia, debe prestarse igual y decidida atención

a la aplicación, promoción y protección tanto de los derechos civiles y políticos, como de los derechos económicos, sociales y culturales, incluido el derecho al desarrollo.

72. Fomentar y fortalecer la cooperación internacional para la promoción y protección de todos los derechos humanos y las libertades fundamentales, de conformidad con la Declaración Universal de los Derechos Humanos y los instrumentos jurídicos internacionales tanto de derechos humanos como de derecho internacional humanitario.

73. Reforzar la incorporación del enfoque de género en el diseño y ejecución de nuestras políticas, en las tareas estratégicas para el desarrollo económico-social y en el fortalecimiento de la democracia.

74. Fomentar el intercambio sobre experiencias nacionales en la preparación y presentación de informes ante el Mecanismo de Examen Periódico Universal (UPR) como un instrumento eficaz para la consideración y promoción de los derechos humanos en todos los países en condiciones de igualdad, según los compromisos de cada país. Trabajaremos por preservar la integridad, la objetividad y el equilibrio de este mecanismo.

75. Dar renovado impulso a la educación en materia de derechos humanos. Promoveremos políticas de educación inclusiva y de calidad al alcance de todos, con plena adhesión a valores como la tolerancia, la solidaridad y la equidad, a la promoción del enfoque de género y al respeto a la diversidad y a la identidad cultural de nuestros pueblos.

76. Promover el reconocimiento y la realización de los derechos de tercera generación o de solidaridad, en particular el derecho al desarrollo, así como el tratamiento de la temática de los derechos de los adultos mayores.

Asuntos de seguridad

77. Estimamos indispensable reforzar la capacidad de iniciativa de los Estados de América Latina y el Caribe en

apoyo del sistema multilateral para la paz, la seguridad y el desarrollo basado en el estricto cumplimiento del derecho internacional y el apego a los propósitos y principios de la Carta de las Naciones Unidas.

78. Considerar que las nuevas amenazas a la seguridad, tales como el terrorismo en todas sus formas y manifestaciones, el problema mundial de las drogas y los delitos conexos, el crimen transnacional organizado, el tráfico ilícito de armas, la delincuencia común que afecta la seguridad ciudadana, las amenazas a la salud pública internacional, en particular el VIH/SIDA y el H1N1, los desastres naturales, el tránsito de desechos tóxicos y de material radiactivo por nuestras aguas, entre otras, y en especial sus efectos en América Latina y el Caribe, deben ser enfrentadas integralmente mediante una cooperación internacional eficaz, articulada y solidaria, a través de las organizaciones e instancias competentes y basada en el respeto a la soberanía de los Estados, a la legislación interna de cada país y al derecho internacional.

79. Con el propósito de profundizar las acciones en favor del desarrollo socioeconómico con democracia, justicia e independencia, consideramos necesario afirmar el concepto de que la seguridad de nuestra región debe atender tanto a los aspectos de la paz y la estabilidad, como los que atañen a la vulnerabilidad política, económica y financiera, conforme al derecho internacional. En este sentido, reiteramos el compromiso de la región para concertar acciones para:

- Estimular iniciativas en favor del desarme y la seguridad internacionales.
- Alentar la confianza recíproca y promover la solución pacífica de los problemas y conflictos que afectan a la región.

- Contribuir, a través de la cooperación y la consulta, a la defensa, fortalecimiento y consolidación de las instituciones democráticas.
- Impulsar y ampliar el diálogo político con otros Estados y grupos de Estados, dentro y fuera de la región.
- Concertar posiciones con el propósito de fortalecer el multilateralismo y la democratización en la adopción de las decisiones internacionales.
- Continuar el establecimiento de zonas de paz y cooperación en nuestra región.
- Fomentar los procesos de integración y cooperación para el desarrollo con miras a fortalecer la autonomía de la región.
- Emprender una lucha activa y coordinada para erradicar la pobreza, el hambre, la marginación, el analfabetismo y la insalubridad.
- Reforzar la cooperación contra el narcotráfico, así como contra el terrorismo.

80. La paz en nuestra región está profundamente ligada al respeto a los principios de la libre determinación de los pueblos, la no intervención en los asuntos internos de los Estados, la solución pacífica de las controversias, la proscripción de la amenaza o del uso de la fuerza, la igualdad jurídica de los Estados y la cooperación internacional para el desarrollo.

Problema mundial de las drogas

81. Reafirmar el compromiso de nuestros países en la lucha contra el problema mundial de las drogas, con un enfoque integral y equilibrado basado en la vigencia del principio de responsabilidad compartida, en virtud de lo cual resaltamos la importancia de la cooperación internacional con respeto a la soberanía de cada Estado.

82. Ratificar nuestro firme compromiso de continuar las acciones contra el consumo, la producción, el tráfico y la distribución ilícitos de estupefacientes y sustancias

sicotrópicas y sus delitos conexos. Estamos convencidos de que esa lucha, que debe ser parte de una solución integral donde estén contemplados los aspectos sociales y económicos relacionados con este flagelo, contribuirá al desarrollo social y humano de nuestras sociedades y al cumplimiento de los compromisos mutuos.

Terrorismo

83. Rechazar enérgicamente el terrorismo en todas sus formas y manifestaciones y reafirmaron que cualquiera sea su origen o motivación no tiene justificación alguna. Reiteraron asimismo, su compromiso de prevenir, combatir y eliminar el terrorismo y su financiación mediante la más amplia cooperación y con pleno respeto a las obligaciones impuestas por el derecho interno y el derecho internacional, en particular de los derechos humanos y el derecho internacional humanitario.

Cooperación Sur-Sur

84. Destacar la importancia de la cooperación Sur-Sur, inspirada en el espíritu de solidaridad, sin sustituir o reemplazar las fuentes tradicionales de cooperación al desarrollo.

85. Impulsar las iniciativas de cooperación Sur-Sur y Norte-Sur para la promoción del desarrollo sostenible y continuaremos fomentando la cooperación triangular dentro del sistema multilateral.

86. Hacer un llamado a la comunidad internacional de continuar brindando cooperación para apoyar los esfuerzos de desarrollo de los países de renta media, tal como fuera acordado en el Consenso de El Salvador sobre Cooperación para el Desarrollo con Países de Renta Media. En este marco, reiteramos la importancia de promover la implementación oportuna de las resoluciones de Naciones Unidas, así como ejecutar acciones para concretar dicha cooperación.

Finalmente

87. Incorporar el Plan de Acción de Montego Bay como documento anexo de la presente Declaración, con objeto de profundizar en el cumplimiento de la agenda latinoamericana y caribeña.

88. Las Jefas y los Jefes de Estado y de Gobierno de América Latina y el Caribe expresaron su agradecimiento al Presidente de México por la iniciativa de celebrar la Cumbre de la Unidad de América Latina y el Caribe en la Riviera Maya, México, los días 22 y 23 de febrero de 2010, y manifestaron su gratitud al gobierno y al pueblo mexicanos por la cálida acogida y hospitalidad que facilitaron el resultado exitoso de la Cumbre.

Riviera Maya, Quintana Roo. 23 de febrero de 2010

Tomado de www.presidencia.gob.mx

3.2. Declaración de la Cumbre de la Unidad de América Latina y el Caribe. Cumbre de la Unidad de América Latina y el Caribe, La Riviera Maya, México, 22 y 23 de febrero de 2010

Las Jefas y los Jefes de Estado y de Gobierno de los países de América Latina y el Caribe, reunidos en la Cumbre de la Unidad de América Latina y el Caribe, constituida por la XXI Cumbre del Grupo de Río y la II CALC, en la Riviera Maya, los días 22 y 23 de febrero de 2010,

Reafirmando nuestra convicción de avanzar de manera decidida hacia una organización que agrupe a todos los Estados de América Latina y El Caribe;

Reafirmando la necesidad de realizar esfuerzos, con nuestros pueblos, que nos permitan avanzar en la unidad y en la integración política, económica, social y cultural, avanzar en el bienestar social, la calidad de vida, el crecimiento económico y promover nuestro desarrollo independiente y sostenible, sobre la base de la democracia, la equidad y la más amplia justicia social;

Ratificando nuestra decisión de promover la articulación y la convergencia de acciones, por medio del intercambio de experiencias y la identificación de áreas de cooperación entre los distintos mecanismos de integración, sobre la base de los principios de solidaridad, flexibilidad, pluralidad, diversidad, complementariedad de acciones y participación voluntaria en las iniciativas consideradas.

Renovando nuestro compromiso con el desarrollo regional integrado, no excluyente y equitativo, teniendo en cuenta la importancia de asegurar un tratamiento favorable a las economías pequeñas y vulnerables, a los países en desarrollo sin litoral marítimo e insulares.

Reiterando asimismo nuestro compromiso con la construcción de un orden internacional más justo, equitativo y armónico, fundado en el respeto al Derecho Internacional y a los principios de la Carta de las Naciones Unidas, entre ellos la igualdad soberana de los Estados, la solución pacífica de controversias, el respeto a la integridad territorial y la no intervención en los asuntos internos de los Estados. Reafirmamos nuestro compromiso con la defensa de la soberanía y del derecho de todo Estado a construir su propio sistema político, libre de amenazas, agresiones y medidas coercitivas unilaterales en un ambiente de paz, estabilidad, justicia, democracia y respeto a los derechos humanos.

Subrayando la necesidad de contar con un espacio regional propio que consolide y proyecte la identidad latinoamericana y caribeña con base en principios y valores comunes, y en los ideales de unidad y democracia de nuestros pueblos;

Teniendo el convencimiento de que la concertación política sobre la base de la confianza recíproca entre nuestros gobiernos es indispensable para la construcción de soluciones propias, para promover la paz; para la defensa, fortalecimiento y consolidación de nuestras instituciones democráticas; para el impulso al diálogo político con otros Estados y grupos de Estados; y para el fortalecimiento del multilateralismo y de la democratización en la adopción de las decisiones internacionales;

Reconociendo la valiosa contribución del Mecanismo Permanente de Consulta y Concertación Política -Grupo de Río- en los temas centrales de la agenda regional y global y en favor de las más altas aspiraciones de nuestros países;

Destacando al mismo tiempo el significado histórico para nuestra región de la Primera Cumbre América Latina y el Caribe sobre Integración y Desarrollo (CALC) y la importancia de su agenda para profundizar la integración regional y establecer compromisos efectivos de acción conjunta para la promoción del desarrollo sustentable de los países de la región;

Refrendando nuestro compromiso con la preservación de los valores democráticos en la región y con la vigencia plena e irrestricta de las instituciones y el Estado de Derecho, así como con el respeto y la plena vigencia de los derechos humanos, que constituyen, todos ellos, objetivos esenciales promovidos por nuestros países. Manifestando al mismo tiempo la convicción de que la democracia es una de las más preciadas conquistas de nuestra región, y que la transmisión pacífica del poder por vías constitucionales y con apego a los preceptos constitucionales de cada uno de nuestros Estados es producto de un proceso continuo e irreversible sobre el que la región no admite interrupciones ni retrocesos;

Compartiendo la convicción de que es preciso establecer compromisos efectivos de acción conjunta para profundizar la integración regional y promover el desarrollo sostenible en armonía con la naturaleza y el bienestar social en todos nuestros Estados;

Resueltos a promover la sinergia y la articulación y complementariedad de acciones de cooperación entre los distintos mecanismos de integración,

Hemos decidido:

1. Constituir la Comunidad de Estados Latinoamericanos y Caribeños como espacio regional propio que reúna a todos los Estados latinoamericanos y caribeños.

2. Consolidar y proyectar, a nivel global, mediante la Comunidad de Estados Latinoamericanos y Caribeños la identidad latinoamericana y caribeña con fundamento, entre otros, de los siguientes principios y valores comunes:

• El respeto al derecho internacional.
• La igualdad soberana de los Estados.
• El no uso ni la amenaza del uso de la fuerza.
• La democracia.
• El respeto a los derechos humanos.

• El respeto al medio ambiente, tomando en cuenta los pilares ambiental, económico y social del desarrollo sustentable.

• La cooperación internacional para el desarrollo sustentable.

• La unidad e integración de los Estados de América Latina y el Caribe.

• Un diálogo permanente que promueva la paz y la seguridad regionales.

3. Que la Comunidad de Estados Latinoamericanos y Caribeños trabajará sobre la base de:

• La solidaridad.

• La inclusión social.

• La equidad e igualdad de oportunidades.

• La complementariedad.

• Flexibilidad.

• La participación voluntaria.

• Pluralidad.

• Diversidad.

4. Que la Comunidad de Estados Latinoamericanos y Caribeños asuma el patrimonio del Grupo de Río y de la Cumbre de América Latina y el Caribe sobre Integración y Desarrollo.

5. Que la Comunidad de Estados Latinoamericanos y Caribeños deberá, prioritariamente:

• Impulsar, la integración regional con miras a la promoción de nuestro desarrollo sostenible.

• Promover la concertación política, el impulso a la agenda latinoamericana y caribeña en foros globales, y un mejor posicionamiento de América Latina y el Caribe ante acontecimientos relevantes del ámbito internacional.

• Fomentar los procesos de diálogo con otros Estados, grupos de países y organizaciones regionales, para fortalecer la presencia de la región en el escenario internacional.

• Promover la comunicación, la cooperación, la articulación, la coordinación, la complementariedad, y la sinergia entre los organismos e instituciones subregionales.

• Incrementar nuestra capacidad para desarrollar esquemas concretos de diálogo y cooperación internacional para el desarrollo, tanto dentro de la región, como con otros Estados y actores internacionales.

• Fortalecer la cooperación en los temas y de acuerdo a los mandatos establecidos tanto en la Declaración de Salvador, Bahía, como en el Plan de Acción de Montego Bay y en otros documentos que puedan incorporarse con base en el más amplio espíritu de integración.

• Promover la implementación de mecanismos propios de solución pacífica de controversias.

6. En tanto no culmine el proceso de constitución de la Comunidad de Estados Latinoamericanos y Caribeños, mantener un foro unificado, en el que participen todos los países de América Latina y El Caribe, que preserve al Grupo de Río y la CALC con sus respectivos métodos de trabajo, prácticas y procedimientos, a fin de asegurar el cumplimiento de sus mandatos, así como la capacidad de concertación política que les permitan pronunciarse o actuar ante acontecimientos internacionales. Las reuniones del Grupo de Río y la CALC se realizarán a través de este foro unificado de acuerdo con los calendarios de reuniones de ambos mecanismos. Sin perjuicio de lo anterior, se realizarán las cumbres acordadas: en 2011 en Venezuela y en 2012 en Chile.

Riviera Maya, Quintana Roo. 23 de febrero de 2010

Tomado de www.presidencia.gob.mx

3.3. Declaración en Solidaridad con Haití. Cumbre de la Unidad de América Latina y el Caribe, La Riviera Maya, México, 22 y 23 de febrero de 2010

Las Jefas y los Jefes de Estado y de Gobierno de América Latina y el Caribe, reunidos en la Cumbre de la Unidad, con profunda consternación ante los cientos de miles de víctimas, los millones de damnificados y los incuantificables daños materiales causados a la nación haitiana por el terremoto del pasado 12 de enero, expresamos al pueblo y al Gobierno de Haití nuestra más sincera solidaridad.

Con base en ese deber solidario con la primera nación independiente de América Latina y el Caribe, ratificamos nuestro compromiso de contribuir, al máximo de nuestras posibilidades, al esfuerzo conjunto de nuestra región y de la Comunidad Internacional en favor del pueblo haitiano, de acuerdo con las prioridades y necesidades fundamentales que defina el gobierno de esa República hermana y con pleno respeto a su autoridad y soberanía y al principio de no intervención en los asuntos internos.

Ante todo apoyaremos el fortalecimiento de las instituciones del Estado haitiano, con el objetivo de promover la eficacia de la cooperación, el desarrollo social y económico sostenible, la profundización de la democracia y la preservación de la paz y de la seguridad.

Manifestamos nuestra determinación de proseguir los esfuerzos de cooperación para superar la grave emergencia ocasionada por la reciente catástrofe natural, así como la asistencia humanitaria, que ha contado con la aportación invaluable de nuestros pueblos y gobiernos, y con el apoyo de la sociedad civil y de las organizaciones no gubernamentales de nuestros países, así como de los Organismos Internacionales.

Al mismo tiempo, expresamos la convicción de que es indispensable fortalecer la coordinación regional, con el Gobierno de Haití y con los organismos y agencias internacionales para apoyar de manera eficaz a ese país en las tareas de reconstrucción a través de una división del trabajo y demandar que lleguen los recursos comprometidos para que hagan viable su desarrollo sostenible en el mediano y largo plazos.

Destacamos el papel de coordinación que corresponde a la Organización de las Naciones Unidas en la asistencia humanitaria y en la reconstrucción de Haití, en sus etapas de respuesta temprana, recuperación, rehabilitación y transición hacia el desarrollo sostenible en sus tres aspectos: social, económico y ambiental. Dicha coordinación tiene como propósito fundamental el aprovechamiento óptimo de las acciones de asistencia y cooperación, así como evitar la fragmentación de estos esfuerzos, que deberá basarse en las prioridades y necesidades identificadas por el Gobierno de Haití.

Expresamos finalmente nuestro reconocimiento a la labor realizada por la Misión de Estabilización de las Naciones Unidas en Haití (MINUSTAH), cuyo personal civil, militar y policial se encuentra proporcionando un invaluable apoyo sobre el terreno para satisfacer las necesidades urgentes, y rendimos homenaje a sus miembros, en especial a quienes murieron en acto de servicio.

Exhortamos a los Estados que todavía no lo hayan hecho, a aplicar procesos especiales de regularización migratoria en favor de los ciudadanos haitianos.

Riviera Maya, Quintana Roo. 23 de febrero de 2010

Tomado de www.presidencia.gob.mx

3.4. Declaración Sobre la "Cuestión de las Islas Malvinas".
Cumbre de la Unidad de América Latina y el Caribe, La Riviera Maya, México, 22 y 23 de febrero de 2010

Las Jefas y los Jefes de Estado y de Gobierno de América Latina y el Caribe reunidos en la Cumbre de la Unidad, reafirman su respaldo a los legítimos derechos de la República Argentina en la disputa de soberanía con el Reino Unido de Gran Bretaña e Irlanda del Norte relativa a la 'Cuestión de las Islas Malvinas'.

Recuerdan el interés regional en que los Gobiernos de la República Argentina y del Reino Unido de Gran Bretaña e Irlanda del Norte reanuden las negociaciones a fin de encontrar a la mayor brevedad posible una solución justa, pacífica y definitiva de la disputa de soberanía sobre las Islas Malvinas, Georgias del Sur y Sandwich del Sur y los espacios marítimos circundantes, de conformidad con las resoluciones y declaraciones pertinentes de las Naciones Unidas y de la Organización de los Estados Americanos.

Expresan, además, en relación con el Tratado de Lisboa por el que se modifican el Tratado de la Unión Europea y el Tratado Constitutivo de la Comunidad Europea, que la inclusión de las Islas Malvinas, Georgias del Sur y Sandwich del Sur en el régimen de "Asociación de los Países y Territorios de Ultramar" resulta incompatible con los legítimos derechos de la República Argentina y con la existencia de una disputa de soberanía sobre dichos archipiélagos.

Riviera Maya, Quintana Roo. 23 de febrero de 2010

Tomado de www.presidencia.gob.mx

3.5. Declaración de Apoyo a la Iniciativa Yasuní-ITT.
Cumbre de la Unidad de América Latina y el Caribe,
La Riviera Maya, México, 22 y 23 de febrero de 2010

Las Jefas y los Jefes de Estado y de Gobierno de América Latina y el Caribe, reunidos en la Cumbre de la Unidad, saludaron la iniciativa "Yasuní-ITT", que adelanta el Ecuador, por constituir una efectiva medida voluntaria para enfrentar el problema del cambio climático y garantizar la conservación de uno de los lugares más biodiversos del mundo.

En virtud de esta iniciativa, el Ecuador dejará de explotar 846 millones de barriles de petróleo que yacen en el subsuelo del Parque Nacional Yasuní, lo que evitará la emisión a la atmósfera de 407 millones de toneladas métricas de carbono, que se producirían por la quema de esos combustibles fósiles.

Esta iniciativa contribuirá al respeto de las culturas indígenas de los pueblos en aislamiento voluntario que habitan en el Parque Yasuní, así como al desarrollo social, la conservación de la naturaleza y el fomento del uso de fuentes de energía renovables

Riviera Maya, Quintana Roo. 23 de febrero de 2010

Tomado de www.presidencia.gob.mx

3.6. Declaración de Solidaridad con Ecuador. Cumbre de la Unidad de América Latina y el Caribe, La Riviera Maya, México, 22 y 23 de febrero de 2010

El Presidente del Ecuador informó a los Jefes de Estado y de Gobierno de la Cumbre de Unidad de América Latina y el Caribe que el Grupo de Acción Financiera (GAFI) decidió incluir, el 18 de febrero de 2010, al Ecuador en una lista de países con deficiencias estratégicas en medidas antilavado de dinero y contra el financiamiento del terrorismo, que no se ha comprometido a desarrollar junto con el GAFI y el GAFISUD, un plan de acción para superar supuestas deficiencias.

El Presidente Rafael Correa manifestó que el Ecuador tiene como política de Estado no tolerar las actividades financieras ilícitas, en aplicación del ordenamiento jurídico nacional y de varias Convenciones Internacionales que, bajo la égida de Naciones Unidas, han sido adoptadas y de las que el Ecuador forma parte.

El Presidente Rafael Correa rechazó categóricamente la actuación del GAFI que no es consistente con los evidentes esfuerzos e iniciativas de todo orden que ha llevado adelante el Ecuador para combatir el lavado de activos y el financiamiento de actividades terroristas. Se refirió en particular a las normas legales, el marco institucional y las acciones desplegadas por el Ecuador en esta materia.

En base a lo señalado, los Jefes de Estado y de Gobierno de la Cumbre de la Unidad de América Latina y el Caribe expresaron su grave preocupación por la decisión adoptada por GAFI referente al Ecuador y se solidarizaron con la posición digna y soberana de este país.

Expresaron preocupación también por las deficiencias en los procedimientos del GAFI, en particular por sus procedimientos de toma de decisiones. Al respecto, varios países de la Comunidad del Caribe han sido afectados de manera similar por una reciente acción unilateral y prematura adoptada por un país miembro de la OCDE en contra de ellos.

Los Jefes de Estado y de Gobierno de la Cumbre de la Unidad de América Latina y el Caribe respaldan plenamente, por convicción y principios, la lucha contra el lavado de dinero y el financiamiento del terrorismo. Hicieron finalmente, un llamado para que los procedimientos y procesos en esta materia, respeten la soberanía de los Estados.

Riviera Maya, Quintana Roo. 23 de febrero de 2010

Tomado de www.presidencia.gob.mx

3.7. Comunicado especial sobre cooperación en materia migratoria. Cumbre de la Unidad de América Latina y el Caribe, La Riviera Maya, México, 22 y 23 de febrero de 2010

Las Jefas y los Jefes de Estado y de Gobierno de los países de América Latina y el Caribe:

Destacamos los sólidos lazos históricos y culturales que siempre han caracterizado a los países de América Latina y el Caribe, así como el consenso que existe entre los gobiernos respecto a la importancia del tema migratorio para los países de la región, y el aporte positivo de los flujos de migración en ambas direcciones.

Exigimos el goce y la protección efectivos de los derechos humanos en los países de origen, tránsito y destino para todos los migrantes y sus familias, particularmente de los niños, niñas y mujeres, independiente de su situación migratoria de acuerdo con lo establecido por el derecho internacional.

Asimismo, observamos que la pobreza generada, entre otras causas, por un orden internacional poco equitativo, con grandes diferencias económicas, sociales y de desarrollo, constituye una de las causas básicas de la migración. Por tal motivo, asumimos la responsabilidad y el compromiso de crear en nuestros países condiciones que promuevan la permanencia de nuestras poblaciones, a efecto de que la migración sea una opción y no una necesidad y que se desincentive la fuga de cerebros.

Reconocemos la importancia de la contribución económica, social y cultural de los migrantes al desarrollo de las sociedades de origen y de destino y de sus comunidades. Consecuentemente, entendemos que la cuestión migratoria debe ser encarada desde el principio de la corresponsabilidad diferenciada entre los países de destino y de origen, atendiendo a sus causas estructurales y a sus efectos.

En ese sentido, coincidimos en que es necesario el fortalecimiento de las políticas y prácticas migratorias que aseguren tanto el respeto de los derechos fundamentales de todos los migrantes independientemente de su situación migratoria, como una gestión ordenada, informada y segura de los flujos migratorios. Esas políticas y prácticas migratorias contribuirán asimismo, entre otros aspectos, a la facilitación de las remesas y al retorno voluntario de los migrantes sobre bases dignas.

Reconocemos de igual modo la necesidad de promover esquemas que faciliten la integración y la reunificación de las familias de los migrantes, de acuerdo con las legislaciones nacionales y combatiendo el racismo, la discriminación, la xenofobia y toda otra forma de intolerancia.

Por otra parte, destacamos la promoción de un activo involucramiento de los migrantes establecidos fuera de la región en el desarrollo de sus comunidades de origen, a través de la conformación de redes y asociaciones de la comunidad migrante, para el aporte en la innovación, la tecnología, el desarrollo social y la participación.

Instamos, teniendo en cuenta la necesidad de intensificar el intercambio de mejores prácticas entre países de origen y de destino de migrantes, a fortalecer aún más el diálogo, el conocimiento recíproco, el intercambio de buenas prácticas, la cooperación, la transferencia de conocimientos, la identificación de desafíos comunes y la promoción de programas de retorno voluntario. Instamos, asimismo, a impulsar una posición regional coordinada en los foros multilaterales con objeto de alcanzar resultados concretos y tangibles en todos los temas de la agenda migratoria.

Reconocemos la necesidad de poner en práctica políticas migratorias nacionales y regionales con perspectivas de género, teniendo en cuenta la situación de especial vulnerabilidad por la que atraviesan las mujeres y las niñas migrantes.

Subrayamos la necesidad de promover acciones coordinadas de los gobiernos de América Latina y el Caribe para enfrentar, combatir y sancionar, con todo rigor y con fundamento en las convenciones internacionales en la materia y en las legislaciones nacionales, el tráfico ilícito de migrantes y la trata de personas en los países de origen, de tránsito y de destino de migrantes. Asimismo, fortalecer las redes consulares de nuestros países para mejorar y ampliar la atención, protección y asistencia consular de nuestros migrantes.

Destacamos una especial atención a las comunidades migrantes establecidas fuera de la región, procurando conformar agendas de trabajo con todos los países de destino de nuestros migrantes.

Por lo tanto, destacando nuestro diálogo birregional con la Unión Europea, manifestamos nuestro apoyo a la implementación del Diálogo Migratorio ALC-UE instituido en el marco de la Declaración de la V Cumbre de Lima de 2008.

Asimismo, decidimos avanzar en el desarrollo de programas de cooperación regional sobre migración y hacer esfuerzos para coordinar posiciones con miras al IV Foro Mundial sobre Migración y Desarrollo a realizarse en México 2010

Riviera Maya, Quintana Roo. 23 de febrero de 2010

Tomado de www.presidencia.gob.mx

3.8. Declaración sobre la necesidad de poner fin al bloqueo económico, comercial y financiero de los Estados Unidos contra Cuba. Cumbre de la Unidad de América Latina y el Caribe, La Riviera Maya, México, 22 y 23 de febrero de 2010

Las Jefas y los Jefes de Estado y de Gobierno de América Latina y el Caribe reunidos en la Cumbre de la Unidad, expresamos nuestro más enérgico rechazo a las medidas económicas coercitivas y unilaterales aplicadas por motivos políticos contra países soberanos, que afectan el bienestar de sus pueblos y están concebidas para impedirles que ejerzan su derecho a decidir, por su propia voluntad, sus propios sistemas políticos, económicos y sociales.

En ese sentido, reiteramos el más enérgico rechazo a la aplicación de leyes y medidas contrarias al Derecho Internacional como la Ley Helms-Burton y exhortamos al Gobierno de los Estados Unidos de América a que ponga fin a su aplicación.

En consecuencia, reclamamos al Gobierno de los Estados Unidos de América que, en cumplimiento de las sucesivas resoluciones aprobadas por la Asamblea General de las Naciones Unidas, ponga fin al bloqueo económico, comercial y financiero que mantiene contra Cuba, que es contrario al Derecho Internacional, causa daños cuantiosos e injustificables al bienestar del pueblo cubano y afecta la paz y la convivencia entre las naciones americanas

Riviera Maya, Quintana Roo. 23 de febrero de 2010

Tomado de www.presidencia.gob.mx

3.9. Declaración especial sobre Guatemala. Cumbre de la Unidad de América Latina y el Caribe, La Riviera Maya, México, 22 y 23 de febrero de 2010

Las Jefas y los Jefes de Estado y de Gobierno de América Latina y el Caribe agradecieron al Presidente de Guatemala, Álvaro Colom, la información que les brindó en el marco de la Cumbre de la Unidad de América Latina y el Caribe, sobre los resultados de las investigaciones realizadas por la Comisión Internacional Contra la Impunidad en Guatemala (CICIG) dirigida por el Doctor Carlos Castresana, sobre el caso Rosenberg y le animaron a seguir adelante. Las investigaciones desligaron al Presidente Colom, a su esposa y a su Secretario Privado, de las imputaciones infundadas e irresponsables que sobre ellos se vertieron y que causaron zozobra e inestabilidad en el país.

En este sentido, las Jefas y los Jefes de Estado y de Gobierno de la Cumbre de la Unidad de América Latina y el Caribe, se congratularon por la transparencia en las investigaciones realizadas por la CICIG.

El Presidente Colom expresó su profundo agradecimiento a los Jefes de Estado y de Gobierno por el apoyo y solidaridad brindados en esos momentos difíciles. Asimismo, las Mandatarias y los Mandatarios recibieron el anuncio de la convocatoria hecha por el Presidente de Guatemala para propiciar un diálogo nacional con la participación de todos los sectores sociales que permita la gobernabilidad del país y la aprobación de una reforma fiscal que beneficie la población guatemalteca más vulnerable.

Riviera Maya, Quintana Roo. 23 de febrero de 2010

Tomado de www.presidencia.gob.mx

3.10. Comunicado especial sobre exploración hidrocarburífera en la Plataforma Continental. Cumbre de la Unidad de América Latina y el Caribe, La Riviera Maya, México, 22 y 23 de febrero de 2010

En el marco de la Cumbre de la Unidad de América Latina y el Caribe, la Presidenta de la República Argentina, Cristina Fernández de Kirchner informó, a las Jefas y los Jefes de Estado de América Latina y el Caribe, acerca del persistente accionar unilateral británico en materia de exploración y explotación de hidrocarburos en el área de la plataforma continental argentina.

La Presidenta argentina puntualizó que arribó una plataforma petrolífera semisumergible a un área de la plataforma continental argentina ubicada a unas 100 millas náuticas al norte de las Islas Malvinas, para iniciar trabajos de exploración. Sobre el particular, el 2 de febrero de 2010 el Gobierno argentino le presentó una nota de protesta al Reino Unido, rechazando su pretensión de autorizar tales actividades. Dicha nota de protesta ha sido circulada como documentos oficial de las Naciones Unidas y de la OEA.

Sobre el particular, las Jefas y los Jefes de Estado y de Gobierno de América Latina y el Caribe, recordaron lo establecido por la Resolución 31/49 de la Asamblea General de las Naciones Unidas que "insta a las dos partes a que se abstengan de adoptar decisiones que entrañen la introducción de modificaciones unilaterales en la situación mientras las islas estén atravesando por el proceso recomendado" por la Asamblea General.

Riviera Maya, Quintana Roo. 23 de febrero de 2010

Tomado de www.presidencia.gob.mx

4. Reunión de Ministros de Relaciones Exteriores de la CALC, Caracas.

Declaración Ministerial de Caracas, Reunión de Ministros de Relaciones Exteriores de la CALC, Caracas, Venezuela, el 3 de julio de 2010

Los Ministros de Relaciones Exteriores de la CALC y el Grupo de Río, reunidos en Caracas, Venezuela, el 3 de julio de 2010.

Recordando lo acordado en la Cumbre de la Unidad de América Latina y el Caribe realizada en Cancún México, en febrero de 2010;

Destacando que en la Declaración de la Cumbre de la Unidad de América Latina y el Caribe, nuestras Jefas y Jefes de Estado y de Gobierno, constituyeron la Comunidad de Estados Latinoamericanos y Caribeños, como espacio regional propio que reúne a todos los Estados de América Latina y el Caribe;

Tomando nota con beneplácito de los acuerdos alcanzados en la Reunión de Coordinadores Nacionales del Grupo de Río efectuada en Santiago, Chile, el 19 de junio de 2010.

1. Deciden crear el Foro Unificado acordado en la Cumbre de Cancún. Este Foro será copresidido por Chile y Venezuela, hasta la Cumbre del 2012, teniendo como uno de sus objetivos llevar adelante la redacción del documento de procedimientos de la Comunidad de Estados Latinoamericanos y Caribeños (CELAC).

La Copresidencia de Chile y Venezuela ejercerá sus funciones con el apoyo de una Secretaria cuya responsabilidad hasta la Cumbre de Caracas en julio de 2011 será de Venezuela y de Chile hasta la Cumbre del 2012.

2. Deciden crear un grupo de trabajo abierto compuesto inicialmente por una troika ampliada del Grupo

de Río y de la CALC: Chile (SPT GRIO), Venezuela (SPT CALC), México (Ex-SPT GRIO), Brasil (Ex-SPT CALC), Jamaica, sede de las reuniones ministeriales de Montego Bay, y un representante de los países centroamericanos. Este grupo colaborará con las Co-presidencias en sus tareas para la consolidación de la Comunidad de Estados Latinoamericanos y Caribeños.

3. Deciden, asimismo, que los Altos Funcionarios de la CALC y los Coordinadores Nacionales del Grupo de Río se reúnan para los fines apuntados en el párrafo uno en Caracas, Venezuela, el 6 de septiembre de 2010.

Caracas, Venezuela, el 3 de julio de 2010

Tomado de www.sela.org

RELACIÓN DE AUTORES

ALCIDES COSTA VAZ: Licenciado en Relaciones Internacionales por la Universidad de Brasilia (1982), Master en Relaciones Internacionales por la Universidad de Brasilia (1987) y Doctor en Sociología por la Facultad de Filosofía y Ciencias Sociales-USP (2001). En la actualidad es profesor asistente en la Universidad de Brasilia. Tiene experiencia en ciencias políticas, con énfasis en integración internacional, conflicto, guerra y paz desarrollándose principalmente en los siguientes temas: MERCOSUR, la seguridad regional, seguridad internacional, la estabilidad regional y la integración regional.

THOMAS LEGLER: Es Profesor de Relaciones Internacionales de la Universidad Iberoamericana en Ciudad de México. Anteriormente impartió lecciones en *Mount Allison University, University of Victoria* y *University of Toronto*. Es especialista en política y desarrollo latinoamericano. Tiene un doctorado en Ciencias Políticas de la Universidad de York. Es miembro del *National System of Researchers* (SNI), *Level* 2. El Dr. Legler tiene un continuo interés en investigar la promoción internacional de la defensa y la democracia, la democratización comparada, y el multilateralismo en América Latina. Sus proyectos de investigación actuales incluyen estudios de la "multilateralización" de la promoción de la democracia y el multilateralismo latinoamericano desde una visión entre regiones.

Es coautor del libro *Intervention without Intervening? The OAS Defense and Promotion of Democracy in the Americas* (Palgrave MacMillan, 2006) y coeditor del volumen editado *Promoting Democracy in the Americas (Johns Hopkins University Press, 2007)*. Sus trabajos han sido publicados en *Global Governance, Journal of Democracy, Latin American Politics and Society, Democratization, Foreign Affairs Latinoamérica, International Journal, América Latina Hoy, Canadian Foreign Policy, Hemisphere*, así como en capítulos de libros.

FRANCISCO ROJAS ARAVENA: Secretario General de FLACSO. Doctor en Ciencias Políticas, Universidad de Utrecht, Holanda. Master en Ciencias Políticas, FLACSO. Especialista en Relaciones Internacionales y Seguridad Internacional. Secretario General de FLACSO, (2004-a la fecha). Director de FLACSO-Chile (1996-2004). Fue profesor en la Escuela de Relaciones Internacionales de la Universidad Nacional de Costa Rica (UNA). Fue profesor de la Universidad de Stanford en su campus de Santiago, Chile. Profesor invitado del Instituto de Estudios Internacionales de la Universidad de Chile y la Academia Diplomática "Andrés Bello", Chile. Como profesor *Fulbright* se desempeñó en el *Latin American and Caribbean Center* (LACC) en la *Florida International University*, Miami, Estados Unidos. Forma parte del Consejo Consultivo para América Latina del *Open Society Institute* (OSI) y de la Junta Directiva de la Fundación Equitas, en Chile. Ha efectuado trabajos de asesoría y consultoría para diversos organismos internacionales y gobiernos de la región. Es miembro de la Junta Directiva de *Foreign Affairs* en español, México, y de *Pensamiento Iberoamericano*, España. Autor y editor de más de medio centenar de libros. Sus últimos libros son: *Crisis Financiera. Construyendo una respuesta Política Latinoamericana. V Informe del Secretario General de*

FLACSO. FLACSO Secretaría General. San José, Costa Rica. 2009; *América Latina y el Caribe: ¿fragmentación o convergencia? Experiencias recientes de la integración* (coeditor con Josette Altmann) FLACSO-Ecuador, Ministerio de Cultura, Fundación Carolina, Quito, 2008; y *Crimen Organizado en América Latina y el Caribe* (coeditor con Luis Guillermo Solís) Editorial Catalonia / FLACSO, Santiago, 2008. Sus artículos han sido publicados en revistas profesionales, científicas y académicas en diferentes países del mundo.

NATALIA SALTALAMACCHIA ZICCARDI: Es docente e investigadora en el Departamento Académico de Estudios Internacionales del Instituto Tecnológico Autónomo de México (ITAM). Obtuvo el grado de maestría por *Jonhs Hopkins University* y es doctora por la Universidad Complutense de Madrid. Dirige el Centro de Estudios y Programas Interamericanos (CEPI) del ITAM y es miembro del consejo de redacción de la revista *Foreign Affairs Latinoamérica.*

ANDRÉS SERBIN: Licenciado en Antropología Social, Mg. Sc. en Psicología Social y Doctor en Ciencias Políticas. Actualmente se desempeña como Presidente Ejecutivo de la Coordinadora Regional de Investigaciones Económicas y Sociales (CRIES) y es *Chair* de la *International Coalition for the Responsibility to Protect (ICRtoP)*, miembro de la directiva del *Global Partnership for the Prevention of Armed Conflict* (GPPAC) y Consejero del Consejo Argentino de Relaciones internacionales (CARI). Ha sido Profesor Titular de la Universidad Central de Venezuela e Investigador Emérito del CONICIT del mismo país, y actualmente es Presidente Emérito del Instituto Venezolano de Estudios Sociales y Políticos (INVESP), del cual fue fundador. Ha sido Director de Asuntos del Caribe del Sistema Económico Latinoamericano (SELA) y asesor, en varias ocasiones,

del Ministerio de Relaciones Exteriores de Venezuela.
Asimismo, ha sido profesor e investigador invitado en diversas universidades de los EE.UU., Gran Bretaña y Francia
(donde asumió la Cátedra Simón Bolívar en Sorbonne III);
y en diversas universidades de América Latina y el Caribe.
Ha publicado más de 200 artículos especializados en diversos idiomas y es autor y compilador de más de 30 libros
publicados en español y en inglés. Desde 1997, dirige la
revista trilingüe de ciencias sociales *Pensamiento Propio*. Su
más reciente libro, actualmente en preparación, es *Chávez,
Venezuela y la reconfiguración política de América Latina*,
Buenos Aires, Editorial Siglo XXI.

PAULO FAGUNDES VISENTINI: Profesor Catedrático
de Relaciones Internacionales de la Facultad de Ciencias
Económicas de la Universidad Federal de Río Grande del Sur
(UFRGS, Porto Alegre / RS, Brasil). Investigador del Consejo
Nacional de Desarrollo Científico y Tecnológico (CNPq).
Doctor por la Universidad de São Paulo y Posdoctorado
en Relaciones Internacionales en la *London School of
Economics*. Fue Profesor Visitante en la Universidad de
São Paulo, en la Universidad de Leiden, Holanda y Director
del Instituto Latinoamericano de Estudios Avanzados de
la UFRGS. Es autor de diversos libros y artículos.